カラー版

ブドウの根域制限栽培

~写真・図表でみる理論と実際~

Imai Shunji
今井 俊治

はじめに

　果樹の栽培はもともと、根を深く広く張らせ、樹を大きく育てるのを基本技術とし、それによってたくさんの果実がなることを期待してきた（**図1**）。その結果、果実生産に至るまでには植え付けから3～4年、成園化に至るには7～8年以上を必要としている。こうした疎植大木の栽培体系は、現在の消費ニーズの多様化、少量・多品目、高品質化、一方では、生産者の高齢化が進む中にあっては、その対応が困難になってきている。また、深く広く張りめぐらされた根の状況変化は直接には認識できず、樹体管理の判断は、長い年月の栽培で培われてきた経験と勘にたよっているのが現状ではなかろうか。

　1970年代当時に、我が国のブドウ栽培で最大主要品種になった巨峰などの4倍体ブドウは、いずれも樹勢が旺盛で、花振るいが激しかったり、無核の小粒果が多く混入するなど、結実不良に大きな問題があった。その対策として、樹冠を十分に拡大し、弱せん定（長梢せん定）を行うこと、施肥を少なくするなどして、新梢の勢力を抑えるための栽培技術が勧められた。しかし、このような指針では樹冠の完成に長年月を要すること、長梢せん定技術の習得が困難で、かつ雨よけのための簡易被覆も難しいなど不便な点が多く、必ずしも目的の達成に至っているとは言いがたい。さらには根群が広く、深く張っているため、土壌中の水分や養分の調節が極めて難しいことなど、実際に樹勢を安定させるには困難を要した。また、そのような状態にある樹では肥効が遅れがちで、果実の成熟、とくに着色が悪く、商品性を大きく低下させた。果実の高品質化を目指すならば、地上部の管理技術は言うまでもなく、目に見えない根圏の環境をいかに制御するかである。

劣悪耕地への挑戦
　果樹園の開園に当たっては、深耕、暗渠の設置、客土、有機物資材の投入等、多大な投資を伴う。しかし、その投資によって、必ずしも稔り多きほ場に生まれ変わり、永続的な安定生産を保証されるものではない。ましてや、雨が降ればぬかるみ、晴れればタタキのような重粘質土壌であれば、継続的な土壌の改良を必要とし、労多くすることになる。

図1 ブドウの疎植大木樹
　上：X字型整枝による長梢せん定樹（品種：巨峰）
　下：U字型整枝による短梢せん定樹（品種：マスカット・ベリーA）

図2 劣悪な耕地に、良質な土壌を盛り土にして栽培された密植・短梢せん定ブドウ樹

　著者は、日々の果樹園作りの中から、劣悪耕地を簡単に一掃する手段はないものかと考えていた。そこで、劣悪耕地に、良質な土壌を盛り土方式で栽培する手段を試みた（図2）。その結果、ブドウ樹の樹勢の調節や結実に対しての有利性が認められた。これを「ブドウの根域制限栽培」と名付けて、4倍体の大粒ブドウ、とくに巨峰について、植え付け当年から成園並みの収量と品質を得るための新しい栽培体系の確立を目指したものである。

根域制限栽培体系への確立に向けて

　せん定をはじめ、種々の栽培管理が容易である短梢せん定方式をとり入れ、根域制限栽培と密植栽培の組み合わせによる「早期成園化システム」（1章）を確立した。本システムは、苗の大量な自家生産（10a当たり900本の苗）が前提となる。そこで、生産者への栽培導入の選択肢を広げるために、購入苗による1年生苗木の定植から始める、新たな「拡大型根域制限栽培システム」（2章）技術を開発した。

　さらに、日本の生食用ブドウは平棚栽培が一般的である。平棚での作業は、上向きの不自然な姿勢が長時間にわたるため、身体への負担が大きく、作業能率も悪い。そこで、自然な立ち姿での作業を可能にして、作業負担の軽減、軽作業化を図った「一文字イマイ仕立て（別名：一文字広島仕立て）棚」（3章）を考案した。

　本書が読者の方々の参考になり、ブドウの生産振興に寄与することにつながればなによりである。

　　2009年 4月

　　　　　　　　　　　　　　　　　　　　　　　　　　　　今井俊治

カラー版　ブドウの根域制限栽培〜写真・図表でみる理論と実際〜

■　も　く　じ　■

はじめに ································· 2

1章　密植による早期成園化システム　6

1．苗の育成と管理 ····························· 6
(1) 挿し穂の採取と貯蔵　6
(2) 挿し木前の穂木の調整　6
(3) 挿し木床としてのロックウールブロックの利用　7
　ポイント　ロックウールブロック
(4) ロックウールブロックへの挿し木　9
(5) 発根促進剤の利用　9
(6) 挿し木の管理　9
　ポイント　気相率は
(7) 自根苗か接木苗か　10
　ポイント　フィロキセラ（和名：ブドウネアブラムシ）

2．大苗の育苗と管理 ························· 10
(1) 育苗ポットへの植え付け　10
(2) 培土　10
(3) 肥培管理　11
　ポイント　施肥管理のための化学肥料
(4) かん水　11
　ポイント　土壌が乾燥すれば、生育は必ず低下する
(5) 新梢管理　12
　ポイント　新梢誘引の方法
　ポイント　防風垣の設置
(6) 害虫　13

3．苗の定植と樹体の管理 ····················· 13
(1) 栽培床の構造　13
(2) 栽植間隔　13
(3) 1樹当たりの培土量の決定と根域制限面積の決定　15
(4) ベッドの作成　15
　ポイント　ポットの利用
(5) 培土の調整　18
(6) 植え付け　18
(7) 新梢管理　18

4．施肥管理 ································ 22
(1) 1年目の施肥　22
(2) 2年目の施肥　22
　ポイント　有機質肥料の施与は苗の育成時と密植型の定植時のみ
　ポイント　樹体の生育特性
　ポイント　主枝更新のコツ
　ポイント　土や根の更新は必要か

5．土壌水分管理法 ·························· 26
(1) 好適な土壌水分の指標は　26
　① 新梢伸長期　26
　　ポイント　pFとは
　② 果実発育第Ⅰ期（幼果期）　28
　　ポイント　幼果期の果実は、日中の収縮と夕方からの回復・肥大で径は1mm以上変化する
　③ 果粒軟化期　30
　④ 成熟期　30
　⑤ 果実収穫後　30
(2) かん水開始点の基準　30
　ポイント　土壌の乾燥特性とかん水による湿潤特性
　ポイント　自動かん水のための電磁弁セット
　ポイント　土壌の適度な乾燥は、新梢の力を抑えて、新根の発生を促進する
　ポイント　根量の増加は、成熟期での果実肥大を有利にさせる
　ポイント　土壌水分の制御は、樹体の生長を制御する
(3) かん水開始点の指標化　34
　ポイント　根域制限栽培は有核果生産を有利にする
(4) テンシオメータの設置　34

2章　拡大型根域制限栽培システム　36

1. 根域制限ベッドの作成 …………………36
(1) 根域制限ベッドの幅　36
(2) 栽植間隔の決定　36
(3) 根域制限栽培の枠の作成　36
　①整地　36
　②根域制限ベッドの設置位置の決定　36
　③地面へのビニールの設置　36
　④ウレタンマットの設置　37
　⑤プラスチック段ボールを使った根域枠の作成　37
　（ポイント）ベッド外への散水防止の工夫
　（ポイント）ベッド枠の作成にパイプ杭の利用

2. 苗の定植と栽培管理 ……………………41
(1) 定植の方法　41
　（ポイント）ベッド表面にはワラ等で被覆する
　（ポイント）苗のせん定は、寒冷地では凍結が見られなくなってから
(2) 主枝育成法の決定　43
　①慣行法　43
　②摘心法　44
　③主幹2本法　44
(3) 新梢の誘引　44
　（ポイント）新梢誘引に巻きひげの利用
(4) かん水　47
(5) 施肥　47
(6) 増し土　47
(7) 秋肥施与　47
　（ポイント）培地の目減りに伴う培土の補給
(8) 落葉後の主枝のせん定　50
(9) せん定した主枝のぶら下げ　50
　（ポイント）主枝上の不発芽の解消
　（ポイント）主枝一挙拡大法

3. 定植2年目の管理 ………………………50
(1) 施肥　50
　（ポイント）芽傷処理
(2) 枝梢・果房管理　52
　①誘引　52
　②新梢の配置と管理　53
　③花穂（房）管理　53
　（ポイント）枝梢管理の徹底

(3) かん水管理　54
　（ポイント）拡大型根域制限栽培の現地事例

4. 定植3年目の管理 ………………………55
(1) せん定　55
(2) 枝梢・果房管理　57
　（ポイント）新梢勢力の均質化を図る摘心
(3) 増し土の検討　58
(4) その他　58

5. 定植4年目以降の管理 …………………58
(1) 増し土　58
　（ポイント）土壌酸度の調整

3章　「人間優先」の作業を目指した一文字棚　60

1. 一文字イマイ仕立て棚 …………………60
(1) 棚の構造　60
(2) 腕木の取り付け　62
(3) 作業負担の軽減効果　63
　（ポイント）誘引角度の維持
　（ポイント）一文字イマイ仕立て棚の地植え樹栽培への導入

付録　根域制限栽培実践のために　66

1. 栽培管理の作業時間 ……………………66

2. 施設費の概算（10a当たり）……………66
(1) ブドウ棚（一文字イマイ仕立て棚、簡易被覆トンネル）の設置工事　66
(2) 根域制限ベッドの設置工事　69
(3) 自動かん水施設の設置工事　69

3. ブドウの第2次花穂利用による「ピオーネ」の省力的房作り法 ………………71
(1) 花穂の選定　71
(2) 処理果房の特性　73

おわりに ……………………………………76

1章

密植による早期成園化システム

◆ 1. 苗の育成と管理

　早期成園化のためには、育苗の翌年度に相当量の果実生産を得るだけの苗が得られ、かつ、運搬、移動が容易で、しかも定植時に植え傷みのない育苗法が必要である。

　果樹栽培農家では苗木を自家生産する人は少なく、ほとんどが苗木生産業者からの購入にたよっている。購入した苗は、そのままほ場へ定植され、数年後の果実生産に向けて栽培管理される。

　一方、苗の自家生産は、ほ場に直接挿し木するか、挿し木床で発根させ、発根した挿し苗を掘り上げて、ポット等で育苗するか、直接ほ場へ定植されることになる。しかし、定植初年度の果実生産は期待できない。著者が目標とする定植初年度から成園並みの果実生産を達成するには、翌年多くの果房を着生できる、大きくて生育のよい苗木が多数必要である。そこで、挿し木による苗木の育苗法を考案した。

(1) 挿し穂の採取と貯蔵

　穂木は12月上旬から1月中旬に、ブドウ園で優秀な母樹を選んでおき、充実した結果枝から採取する。未結果枝より結果枝の方が枝径も太くかつ充実している。適当な長さ（60〜100cm）で束ねて、少し湿らせた新聞紙に包み、ポリエチレン袋に入れて気温変化の少ない北側の日陰の土中に埋めて貯蔵する。大型の冷蔵庫（温度2〜5℃）があれば利用する。少なければ家庭用冷蔵庫の野菜庫で貯蔵する。また、冷暗所で少し乾いた砂の中に裸のままで層にして貯蔵してもよい。

(2) 挿し木前の穂木の調整

　露地での一般的な挿し木時期は、気温も上昇してくる4月上旬以降とする。貯蔵していた穂木を取り出し、基本は2芽せん定（穂木本数が不足するなら1芽でもいいが初期の生育が劣りがち）とする（図3、4）。穂木は太く充実したものが良い。重さは15g以上はほしい。穂木は、切りながら水を張ったバケツに入れていけばよい。穂木を作成後、束ねて1昼夜水あげさせる。

1章 密植による早期成園化システム

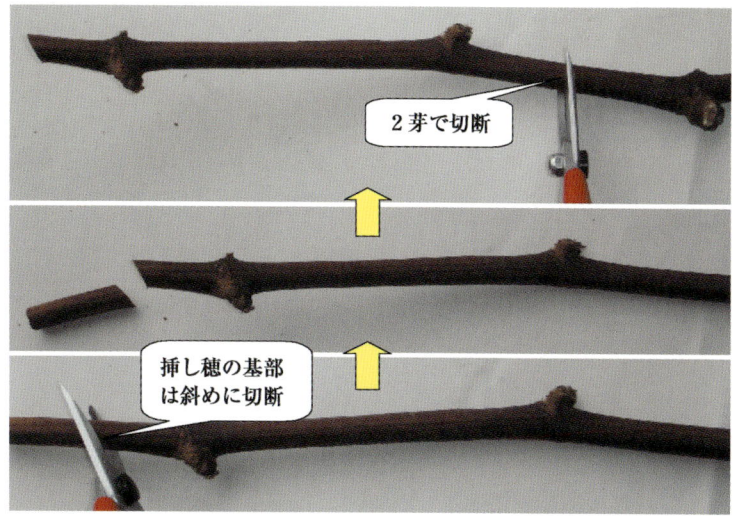

図3 穂木の作成、2芽に調整

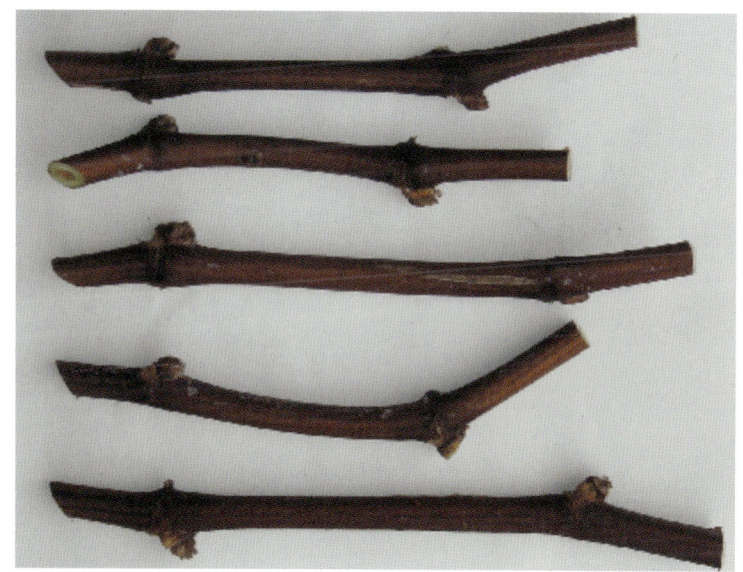

2芽で切断

挿し穂の基部は斜めに切断

図4 調整した穂木

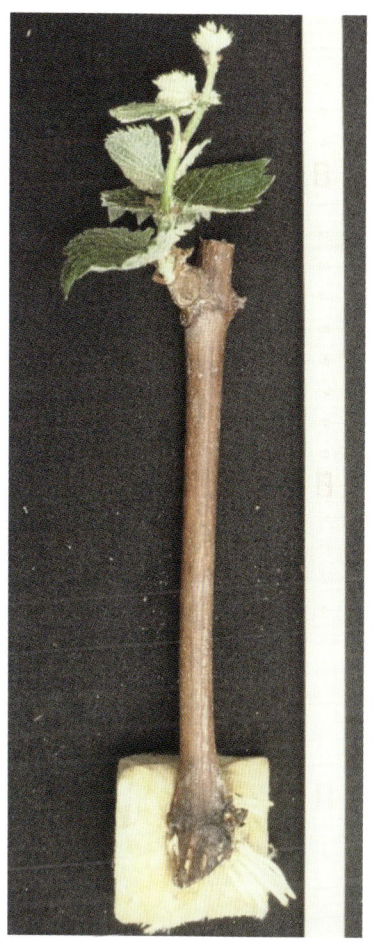

図5 ロックウールブロックへの、穂木の挿し木の様子

（3）挿し木床としてのロックウールブロックの利用

ロックウールブロックには、種々の大きさがある。挿し木に利用するのは、5cm角で側面をポリエチレンフィルムで被覆したものである。ロックウールブロックは、園芸店や農協等に注文する。

ポイント　ロックウールブロック

ロックウールブロックは、玄武岩や鉱さい等の鉱物質の塊を1500～1600℃で溶解し、遠心力を利用して繊維状に変えてブロック様にした製品である。農業では苗物生産や養液栽培等に用いられ、工業では保温、断熱、防火、防音材料として工業化されている。

図6 ロックウールブロックへの挿し木による苗木の育成状況
　　挿し木後20日の様子

図7 ロックウールブロックへの挿し木状況
　　右の写真は、ロックウールブロックを取り除いたもので、発根の状況を示したもの
　　品種は巨峰で4月15日挿し木、5月25日の状況

1章 密植による早期成園化システム

販されている。発根促進の効果はあるが、利用しなくても支障はない。

(6) 挿し木の管理

かん水は、4日に1度ロックウールブロックの上にホース等で行えばよい。すなわち、挿し木床としてのロックウールブロックは、気相率（4日目でブロックの気相率は約60％）が高いほど、根原基の形成や発根が早まるためである。1芽からは主芽と副芽で2～3本の新梢が発生するので、主芽を残して副芽を除去し、1本だけを生育させる。

図8 ロックウールブロックの側面の黒色ポリフィルムを剥がしてブロックごと移植
深植えにならないように、軽く土を掘ってブロックを置く感じでよい

発芽伸長している新梢に花穂が見られたら、その花穂は早めに除去する。花穂除去時に新梢先端を折らないように注意する。

挿し木後、ロックウールブロックの外への発根を確認（図7の左の写真にみられるように、ロックウールブロックの底部に発根がみられる）したら、図8に示すように、ブロックごと育苗ポットへ移植する。

(4) ロックウールブロックへの挿し木

水あげした穂木をロックウールブロックに挿す。ブロックの下に突き抜けないように注意する。ロックウールブロックはあらかじめバケツ等に入れ十分に吸水させておく。挿す時には下の芽（基部1節）がロックウーブロック内に入るくらいが良い（図5）。ロックウールブロックと穂木の密着度が悪く、隙間があっても気にしなくてもよい。

挿し木したロックウールブロックは、育苗箱のように底が網目になっている物の上に並べる（図6）。直接、地面など水を吸うものの上に置かないようにする。ロックウールは孔隙が大きくて、毛管水が上がらないので、ブロック内の水が外に出てしまう。挿し木後35日もすると、展葉3枚くらいになり、ブロック内では多くの根が発根してくる（図7）。

(5) 発根促進剤の利用

挿し木の発根促進のホルモン剤として、インドール酪酸や1-ナフチルセトアミド剤が市

ポイント 気相率は

土は、固相（固体の部分）のほかに水と空気を含んでいる。液相は土壌中の水であり、気相は大部分が空気である。これらの割合は土壌化の程度によって異なる。よく耕された土では、無機物約40％、有機物および微生物約10％、水約30％、空気約20％である。

ロックウールブロックの固相率は約7％で、ブロックに水を吸水させた状態では、液相率は93％で気相率は0％となる。逆にブロックの乾燥によって水がなくなれば、気相率は93％となる。

図9 肥料袋へ排水用の穴を開ける
袋の赤道部から下に10～20個の穴を空けて排水を図る

(7) 自根苗か接木苗か

　フィロキセラの加害を避けるために、接ぎ木した挿し穂を利用するかどうかは、園主の判断にまかせたい。なお、接木苗の挿し木の場合は、台木に穂木を接いだ状態でロックウールブロックに挿せばよい。

ポイント　フィロキセラ（和名：ブドウネアブラムシ）

　フィロキセラは、ブドウの根につき枯らす害虫である。北アメリカ東部原産のブドウに寄生したフィロキセラがヨーロッパに運ばれ、フランスをはじめヨーロッパ中のブドウ園がほとんど壊滅した。その後の研究により、フィロキセラに抵抗性のあるアメリカ系品種を台木としてヨーロッパ系原産のブドウを接木する方法を発見することにより、絶滅の危機から免れることができた。

◆2. 大苗の育苗と管理

（1）育苗ポットへの植え付け

　ブドウの苗木作りは、発根させたものを育苗ほに植えつけて、再度掘り上げて定植することになる。しかし、堀り上げ時に根を傷めることは避けられないので、定植当年に十分な果実生産は得られない。堀り上げによる植え傷みを回避するためにも、鉢等を利用した育苗が必要である。果樹苗のポット育苗は通常行われており、以前は素焼き鉢が多く用いられてきた。最近は18L容量の缶、ポリエチレンポットや合成樹脂を用いたものが多く見受けられる。

　しかし、肥料の空袋利用で苗の生育も優れ、かつ運搬も容易である。肥料袋は農家の皆さんには、容易に手に入るものなので、大いに利用してもらいたい。また、定植時には袋を容易に切り裂くことができ、定植も容易である。なお、図9に示したように、肥料空袋は排水を図るために、袋の底部から赤道部にかけて、10～20個の穴を開けることが肝要である。

（2）培土

　培土の原土壌は水はけを第一とした入手しやすい土壌を用いる。土壌に混合する堆肥の割合は25％で十分である。培土の量については、15～18Lで、運搬、移動の面からみても取り扱いやすい重量の許容の範囲と思われる。なお、培土調整時に1m^{3}当たりカキガラ粉末1kg、ヨーリン500gを混和する。

(3) 肥培管理

袋に植え付けた時にナタネ粕を1樹当たり50g施与する。施与後に、培土の表面に切りワラを薄く被覆して、培土表面の乾燥を防ぐ。その後は、2週間に1度、窒素を成分量で1gずつ追肥する。追肥は、植え付けから8月上旬まで行い、その後中断して、9月以降から窒素、リン酸、カリを、それぞれ成分量で1:0.5:1gを10月下旬まで追肥する。秋季の施肥は新梢の伸長にはあまり影響はなく、樹体の充実につながる効果が高い。なお、肥料の種類は、窒素では硫安でよい。一方、複合の化学肥料を与えても支障はないが、経費がかかる。施与は、肥料がロックウールブロックの上に乗らないように中心部を避けながら均等に施す。ロックウールブロックの上に乗ると、ブロックの乾燥によって肥料が濃縮され、根傷めを生じることになる。

ポイント　施肥管理のための化学肥料

窒素は、硫安（成分21％）を用いる。リン酸は、過リン酸石灰（成分17％）を用いる。過リン酸石灰は、硫酸カルシウム60％を含むので、石灰の補給にもよい。カリは、硫酸カリ（成分48％）を施す。こうした単肥の利用は、複合の化学肥料に比べて約20％の低コストである。

(4) かん水

かん水は1回、1樹当たり（培土量18L）2Lを与える。夏季を迎え、伸長量が200cm以上になると、1日1回では足りなくなるので、土壌の乾燥状態には気をつける。土壌水分計を設置した自動かん水装置があれば申し分ない。

ポイント　土壌が乾燥すれば、生育は必ず低下する

図10は、苗生育中の新梢の母枝径と新梢径の日変化を示したものである。茎径は、日の出とともに急激に収縮し、日中は日射の強度に伴って収縮・回復を繰り返し、15時過ぎから回復・肥大に向かって生長していく。対照区のかん水が十分な場合は、母枝や新梢は順調に肥大を続けて生長が見られる。しかし、かん水が行われず、1日でも土壌が乾燥すると、明らかに母枝や新梢の成長は劣る。土壌が乾燥すると、枝梢の日中は強制脱水の状態になり、回復は、日没前からの日射強度が十分に低下してからとなる。このように、苗生

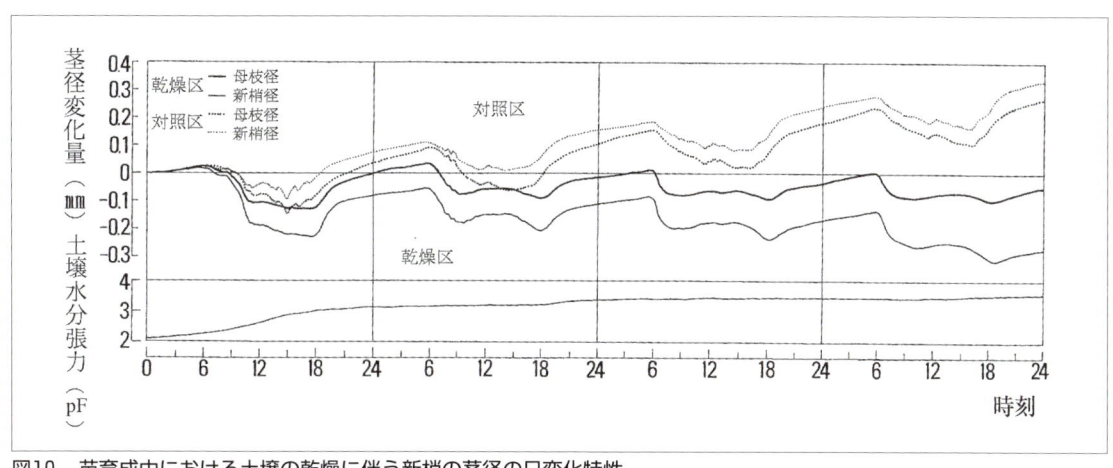

図10　苗育成中における土壌の乾燥に伴う新梢の茎径の日変化特性
　乾燥区では枝梢径の肥大が停止して、確実に枝梢が細っていく

図11 苗木の育成状況
　　8月の下旬には270cm以上に伸長

産において、土壌の乾燥は生長量に大きく影響を与える。

（5）新梢管理

図11は、苗育成の状況である。新梢の管理は、各節から発生する副梢は1枚で摘心し、逐次支柱に誘引する。苗木の新梢の目標伸長量は270cmで節数は50節以上とする。この基準は苗木を定植した場合に必要な伸長量を棚面（高さ180cm）までの高さ155cm（畝の高さは25cm）、棚上50cmの計205cmが必要なために、新梢の登熟率80％を考慮して、余裕を持って定めたものである。

ポイント 新梢誘引の方法

3章で述べるが、イマイ仕立て棚は、作業者の身長から20cm下がった位置に主枝誘引線を配置する。例えば、身長170cmの作業者とすれば、土面から150cmの高さの位置に主枝線は配置される。図12に示したように、根

図12 苗木の誘引
　　定植時の主枝誘引線の高さを想定して、新梢の誘引位置と角度を決定する。作業者の身長が170cmの場合は新梢の基部から125cmとなる

域制限ベッドの高さが25cmであるため、定植される苗の新梢基部から1m25cmの高さが、主枝線に誘引される。したがって、苗生産の段階で、新梢を1m25cmの高さで水平の方向へ誘引をすれば、定植時の主枝線への誘引が容易になる。

> **ポイント** 防風垣の設置

適度な微風は、葉よりの蒸散作用をうながし生長にプラスに働く。強風は、生理的にも葉からの蒸散を過度にうながし、生長を抑制することになる。ブドウでは風速3mの風で、光合成を2割以上低下させる。苗の育成においては、是非とも防風垣やネットを周囲に設置したい。園地においても言うまでもない。

(6) 害虫

害虫では、新梢内に食入する虫が大敵である。山間部や雑木林の近くでは、5～7月にツヤケシヒメゾウムシ（別名：クロヒメゾウムシ）成虫が発生して、新梢の先端や葉柄を食害して切り落とすので、せっかく順調に生育していた苗の心を止めてしまう。成虫が飛来する5月上・中旬から、10～14日おきに2回薬剤を散布する。

発生しやすい条件としては、山間部に近く、かつ、寄生する野生ブドウがあったり、近くにブドウの放任園があったりすることである。

◆ 3. 苗の定植と樹体の管理

(1) 栽培床の構造

苗の生産も順に仕上がり、落葉後にはほ場へ定植する。よほどの寒冷地域でなければ秋植えが望ましい。

根域制限ベッドの作成は、地面に不透水性のシート（塩化ビニールシート等）を置き、その上にウレタンを敷く。ウレタンの厚みは、20㎜以上を基本としているが、厚い方がよい。また、ウレタンの材質として密度が高いほうがよい。ウレタンの密度は、25kg/m³を利用する。密度18kg/m³程度では二重に重ねて使いたい。この方法は、根域制限下の根の活力を長期に持続させるための創意である。ウレタンは重力水によって常に飽和状態にあり、自由水面と同様と考えられる。その真上2～3cmの土壌は過湿であり、根の侵入が制限され、完全な根域の制限を成立させる（図13）。

(2) 栽植間隔

定植の模式図（図14）と図15にその実際を示した。密植による早期成園化を図るための栽植間隔は50cmで、ベッドとベッドの間は2.2mを基準とした単幹、短梢せん定方式である。1樹当たりの樹冠面積は1.1m²となる。10a当たりの栽植本数は、約900本である。ベッド間を2.2mより狭くするのは、枝梢の光環境からみても不利になるので避けたい。逆に広くするのは問題はない。なお、実際には基準の栽植間隔で全く支障はない。図16は、植え付け当年の結実期の状況である。

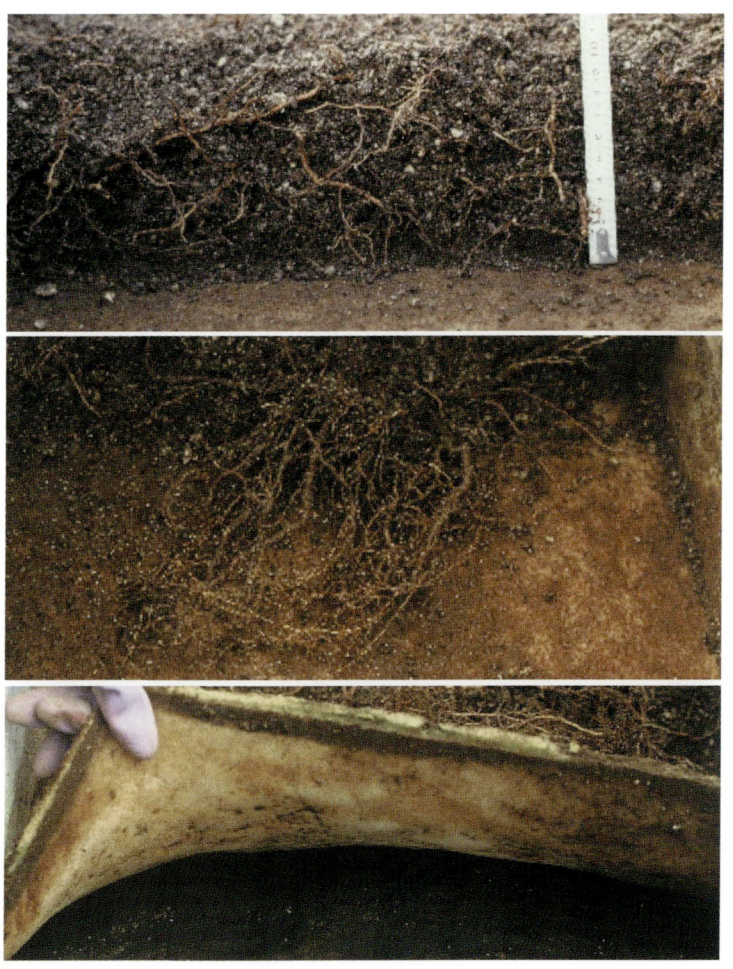

図13 ウレタンへの根の侵入は見られない
上：ウレタンの手前2cm上で根群は止まっている
中：ベッド内底部のウレタン上部の様子
下：ウレタンをめくり上げた状況。根の侵入は見られない

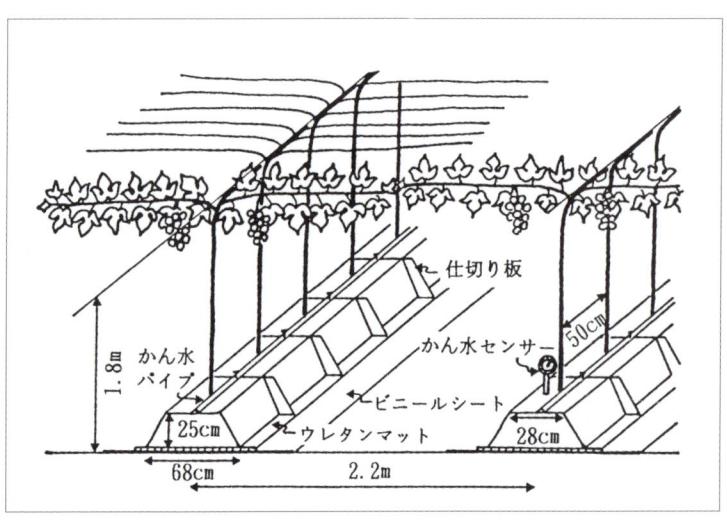

図14 密植型根域制限の栽植の模式図

図15 密植型根域制限栽培の植え付け状況
　樹間50cm、列間2.2m、10a当たり900本植え、ベッド表面の乾燥を防ぐために黒色の被覆資材を置く

図16 密植型の盛り土、仕切り方式による植え付け当年の結実期の状況

(3) 1樹当たりの培土量の決定と根域制限面積の決定

　培土の量は、生育量（**図17**では副梢の生育量を示す）や収量（**図18**では果粒肥大、**表1**では収穫果の果実形質を示す）など量的形質は土壌容量の大きい方で優れ、果実糖度や着色度など質的形質は土壌容量の小さい方で優れる。樹体の観察や、**図19**の根群密度に見られるように、40Lの根の密度が非常に高いこと（**図20**は実際の根群の状況）、摘心労力や水管理の安定性からみて60Lが妥当であると判断した。したがって、1樹当たりの適正土壌管理面積は、樹冠面積に対し20％の範囲であり、この値が根域制限栽培の基本となる。

(4) ベッドの作成

　培土の深さは25cmを基準とする。ベッド幅の底辺を68cmで作成すると、ベッド上辺は30cmとすればよい。各樹との仕切りは、プラスチック段ボールやあぜ波などを利用すればよい。なお、経費はかさむが、ポットなどの利用は簡単である（**図21**）。

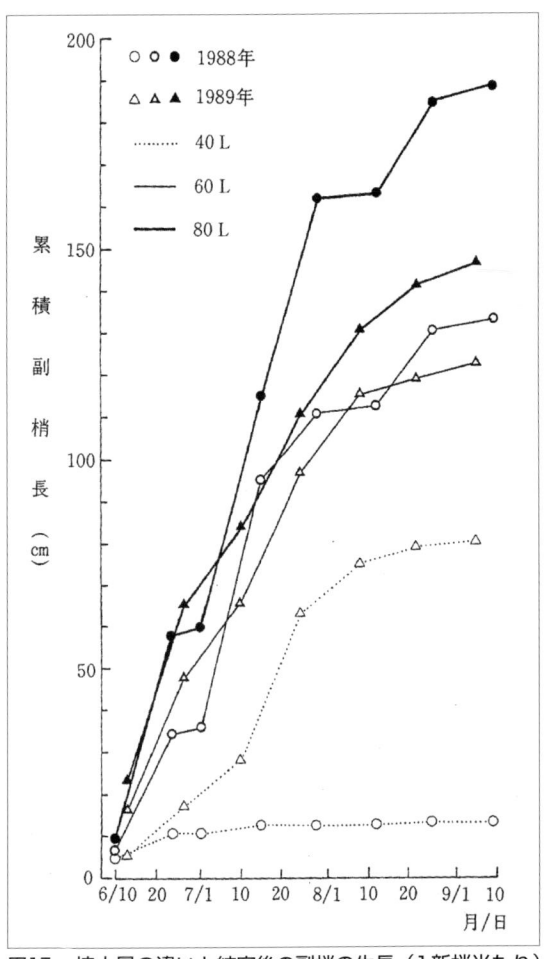

図17 培土量の違いと結実後の副梢の生長（1新梢当たり）
副梢は2週間ごとに基部1節まで切り戻した

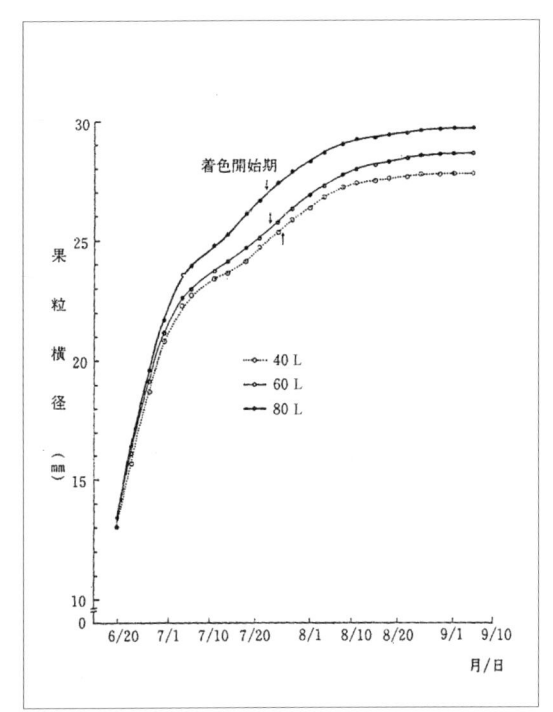

図18 培土量の違いと果粒肥大（植え付け3年目）

表1 土壌容量の多少と収穫果の果実形質及び収量

年次 (年)	土壌容量 (L)	果房重 (g)	1粒重 (g)	可溶性固 形物（%）	酸含量 Z) (%)	着色度 Y)	収量 (kg/m²)
(1987) 植付け 1年目	40	265	11.3aX)	18.4a	0.54ab	6.9	1.45
	60	248	10.7ab	17.4b	0.51b	6.7	1.35
	80	237	10.5b	17.6b	0.57a	6.7	1.29
有意性		N.S.	※	※	※	N.S.	
(1988) 同 2年目	40	204b	11.8b	18.6	0.68	8.2	1.49
	60	266a	13.2a	17.6	0.70	7.8	1.93
	80	283a	13.5a	17.9	0.70	8.0	2.05
有意性		※	※	N.S.	N.S.	N.S.	
(1989) 同 3年目	40	340	16.0	17.9a	0.64	6.9	2.47
	60	343	16.5	17.5b	0.67	6.8	2.49
	80	354	17.4	17.7ab	0.62	6.9	2.57
有意性		N.S.	N.S.	※	N.S.	N.S.	

Z) 酒石酸換算、Y) カラーチャート指数、X) 同一符号間で有意差なし（P<0.05）

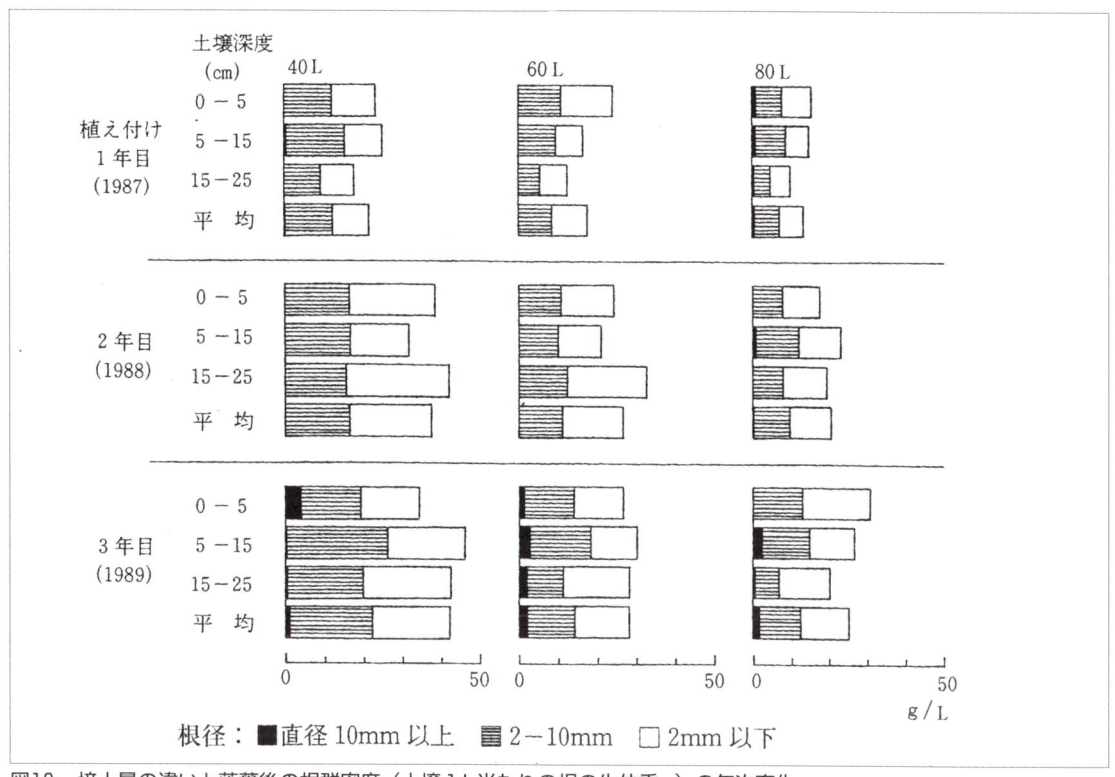

1章　密植による早期成園化システム

図19　培土量の違いと落葉後の根群密度（土壌1L当たりの根の生体重g）の年次変化

図20　培土量40L、60L、80Lと地植え樹の根群の様子
深さ5-15cm

図21 密植型の各種の根域制限方法
丸型のポットや角型、また、畝作りの方法等

ポイント ポットの利用

　密植栽培用の60Lポットが販売されている。図22に示すようにポットの底は全面網目状になっている。その底面にウレタンマットを置いて、培土を入れる。ベッドとポットとの違いだけで、根域の管理は同じ理屈である。なお、ポットの場合は円形なため、かん水の方法については、図23に示すように差込ノズル等を利用して、全面に散水できるような工夫が必要である。

　図24、25は、ポット利用による現地での栽培状況である。

(5) 培土の調整

　培土の調整は、マサ土（花崗岩風化土）にバーク堆肥を容積比で9対1とし、1m³当たりカキガラ石灰1kg、ヨーリン500gを混和する。培土は、物理性を第一とし、マサ土は極力目の粗いものを選ぶ。マサ土が手に入らない地域では、水はけのよい土を選んで代用とする。

　東京の東村山市で根域制限栽培を導入している生産者の培土の調整は、川砂75％、赤土10％、黒土5％、バーク堆肥10％としている。

(6) 植え付け

　育苗した肥料袋を破り（図26）、丁寧にベッドやポットに植え付ける。

(7) 新梢管理

　1樹当たりの新梢数は、棚上で左右3本ずつの6本とする。図27に示したように、実際には棚上の主枝上で節数は8以上なので、新梢の伸長を見ながら芽掻きで調整する。新梢管理は、2倍体や4倍体の品種、また、有核果生産、無核果生産によって異なる。基本的には、開花期の前後に12節で摘心する。副梢は1枚を残し掻きとる（図28）。

1章 密植による早期成園化システム

図23 ポットへの差込ノズルによるかん水

図22 密植型に用いるポットの底部と、底部にウレタンマットを置いた状態

図24 密植型のポット樹のせん定後から発芽・新梢伸長、着果の状況

図25 ポット利用による密植型の成熟期の状況
30aの面積で栽培されている

図26 苗の植え付け状況
肥料袋を破って、深植えにならないように植え付ける

20

1章 密植による早期成園化システム

図27 密植による早期成園化の定植初年、2年目の発芽状況

図28 新梢先端は12節、副梢は1枚で摘心

◆ 4. 施肥管理

　密植型の根域制限栽培は、定植した年から果実生産を行うために、植え付け当年の肥効を促す技術が必要である。

　育苗年に樹体の充実を図る施肥管理として、秋季の施肥が重要であることを示した。しかし、苗時代の葉数は本葉と副梢葉を合わせても1樹当たり100枚前後であり、かつ樹容積も小さいことから、貯蔵養分としての絶対量には限界がある。こうしたことから、植え付け1年目の果実生産に向けては、定植後の施肥管理のあり方が当年の果実生産と果実形質を左右する。

(1) 1年目の施肥

　植え付け1年目の施肥は、植え付け時にナタネ粕100gを表面に施用する。ナタネ粕の施用は、植え付け当年のみである。次に、春肥として、発芽期に1房当たり（450～500gの果房生産）で1.5gの窒素（有核果生産で1房350gの目標では、窒素1gとする）を施与する。1樹当たり6新梢で6果房の生産では9gの窒素施与となる。窒素とリン酸、カリの割合は、1：0.5：1である。用いる肥料は、化学肥料を用いる。現場では、それぞれの単肥でなく、複合の化学肥料を用いている。総合微量要素肥料（ハイグリーン）は1房当たり8gとする。春肥の効果は、貯蔵養分を消耗した後の樹体への栄養と開花後での葉色を増し、果粒の初期肥大を促進するものである。

　秋肥の施与は、貯蔵養分の蓄積増大と根群に活力を与え、樹勢の早期回復を図る。また、翌年の新梢の初期生育の促進や、花穂の発育の充実を良好にさせる。施与時期は、9月上・中旬として、春肥の場合と同等量を施す。

(2) 2年目の施肥

　2年目の施肥は1年目と同様であり、1房（450～500gの果房生産）当たり年間施与窒素量は3gで、春・秋に半量ずつ施す。

> **ポイント**　有機質肥料の施与は苗の育成時と密植型の定植時のみ

　苗の育成や密植型の定植による新梢生長を持続的に促すために、有機質肥料を基肥として用いる。しかし、果実生産体制の樹では、有機質肥料の施用はひかえたい。肥料の遅効きによって、副梢の発生を助長し、また、果実品質の低下を招くことになる。図29は、ブドウ巨峰の有核果生産の根域制限栽培で、春季から液肥を連続施与し、結実期後からの副梢の伸長を示したものである。硬核開始期や着色開始期に液肥濃度を下げることにより、明らかに副梢の生長は抑制され、結果的には硬核開始期に液肥濃度を下げたものが、もっとも果粒の肥大が優れ、糖度や着色も優れる。つまり、窒素の肥効が硬核開始期に低下することが、副梢の生長を抑制し、光合成生産物の果房への分配を増大させ、高品質な果実生産を生むことになる。

　一般的に、「土づくり」と評して家畜糞等の堆肥の投入が行われ、土壌の物理性の改善には効果があるが、同時に「えさ」、すなわち肥料も投入されていることになる。「土づくり」は根の住みかを改善することであり、同時に「えさ」を与えることではない。有機質資材の投入が、「土づくり」である。根域制限栽培での培土の調整にはバーク堆肥を10％混和している。この量で物理性の改善は十分である。それも、極力窒素成分の少ない堆肥を用いることが必須の条件である。ベッドの表面に乾燥防止やかん水の均一化の目的で、切りワラなどの有機質資材を被覆しておけば、微生物の餌となり、培土は自ずから

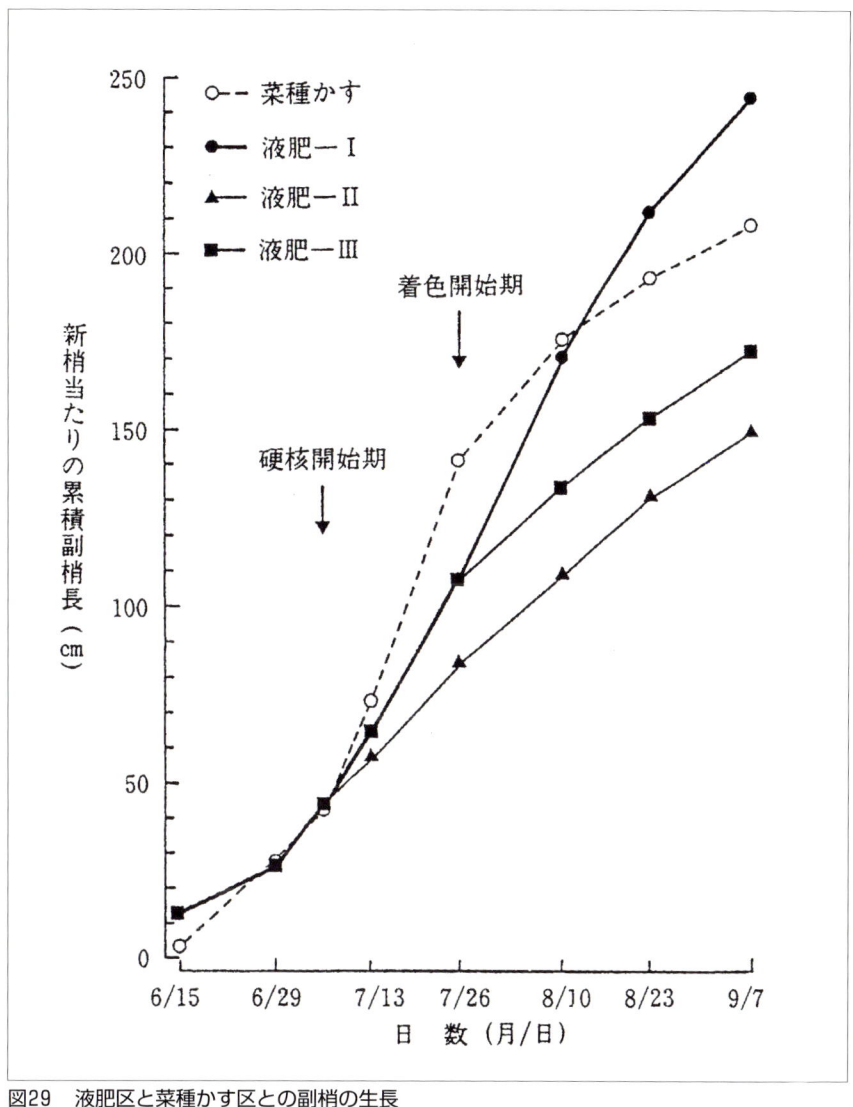

1章 密植による早期成園化システム

図29 液肥区と菜種かす区との副梢の生長
菜種かす区は植え付け時に菜種かす200gを施与、液肥－Ⅰは発芽期から収穫期まで窒素濃度で60ppmを含む液肥、Ⅱは硬核開始期まで窒素濃度60ppm、以後20ppm、Ⅲは着色開始期まで窒素濃度60ppm、以後20ppm。密植型根域制限栽培で培土量は60L

根の住みかの向上につながっている。「えさ」は、速効性の肥料を施与して、ブドウ樹が必要な時に吸収させるものである。

ポイント 樹体の生育特性

図30に、50cm間隔で植え付けた密植型の根域制限樹の主幹径や新梢のせん定量の年次変化を示した。樹冠の拡大を行わない根域制限樹の主幹の肥大量は、地植え樹が年々大きく生長するのに対して、年々小さくなる。冬季の新梢（結果枝）のせん定重も主幹径の年次変化と同じ傾向を示すが、根域制限樹では、定植2年目以降でほぼ一定となる。

図31には、発芽期から開花期までの新梢生

長を示した。対照の地植え樹は、5月中旬以降の新梢伸長が著しくおう盛になる。しかし、根域制限樹では、対照樹に比べ約20％抑制されている。図32は、満開期における新梢の節位別の節間長を示したものである。基部から4節までの節間長は対照の地植え樹と差がないものの、4節目以上からは、根域制限樹の節間は3～5cmは短くなっている。この長さの違いが根域制限栽培樹の特徴と言える。

ポイント　主枝更新のコツ

短梢せん定を年々繰り返していくと、結果母枝が主枝から遠ざかっていく。基底芽せん定を上手に取り入れて、極力、主枝から遠ざけない結果母枝が配置されていれば問題はない。しかし、あまりにも母枝が離れた場合は、どうすればよいであろうか。ブドウは、いったん節の芽が枯死すれば、その節から不定芽（陰・潜芽）はふかないものである。しかし、密植型の根域制限栽培樹では、5年生樹以上にもなると、主幹から不定芽の発生が見られる（図33）。極力、主幹の基部に近いところから発生した不定芽を大切に伸長させて、主枝の更新枝とする。普通に伸長させると節間が長く、棚上の主枝上で芽数を確保できないので、抑制剤を散布して、節間長を短くさせる。そのようにして更新させた主枝は、全く新しい主枝としてよみがえる。

ポイント　土や根の更新は必要か

狭い範囲に根が閉じ込められているので、定期的に土や根の更新が必要ではないかとの問がある。培土は人による踏圧がないため堅くしまることはない。根群については、樹冠量が一定であるから、根域内に根が増大・密集しすぎて根詰まりをおこすようなこともない。ただし、培土内の有機物の消耗による培土の補給や、培土の表面へのワラ等の有機質資材の被覆は必要である。

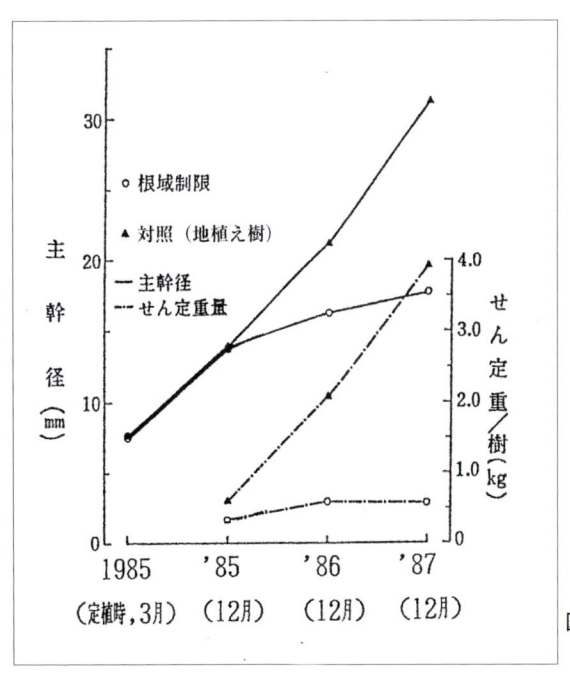

図30　密植型の根域制限栽培樹の主幹径と結果枝のせん定重の年次変化

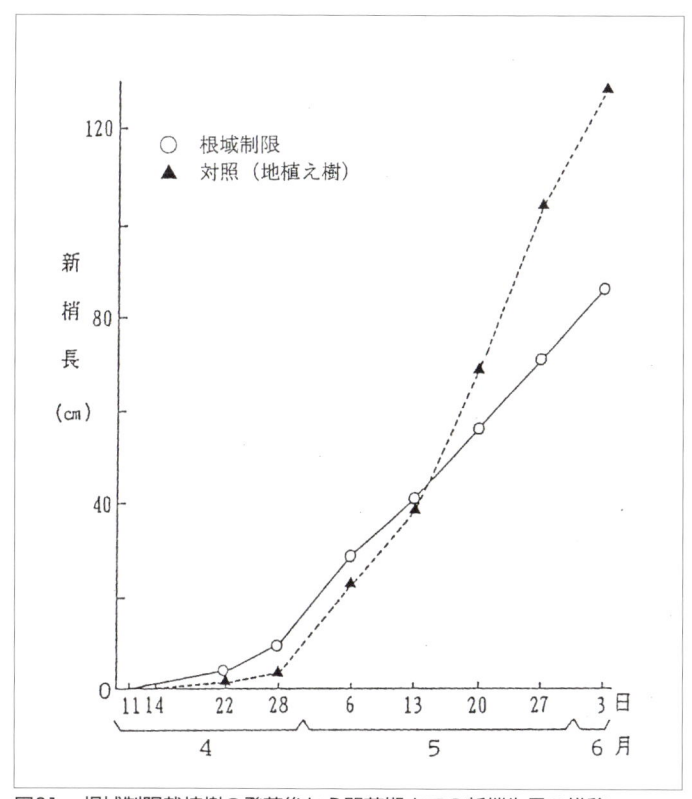

1章 密植による早期成園化システム

図31 根域制限栽培樹の発芽後から開花期までの新梢生長の推移

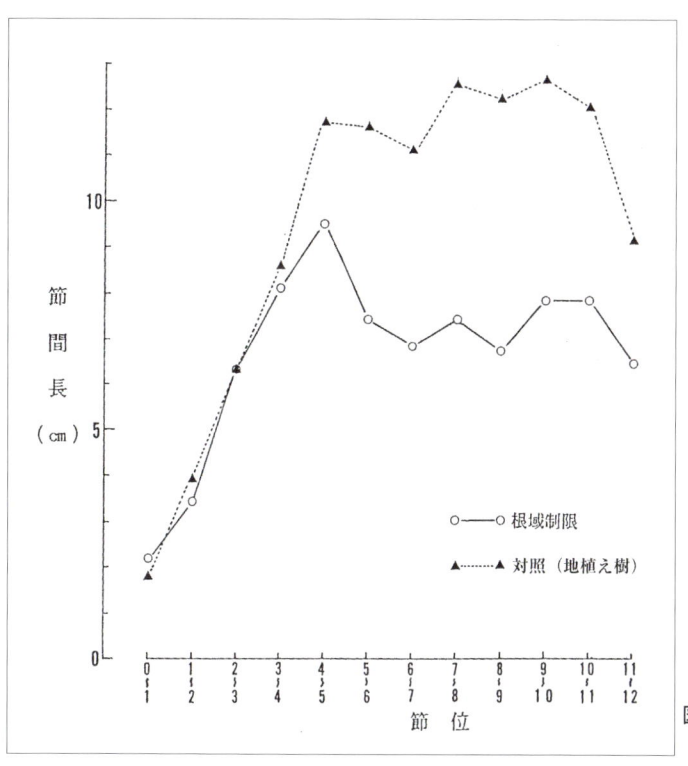

図33 主幹部から不定芽の発生
この新梢を伸長させて主枝を更新する

図32 根域制限栽培樹の満開期での新梢の節位別節間長

◆5.土壌水分管理法

根域制限栽培の有利性は、植え付け後の年数が経過しても、変わることなく毎年旺盛な生育と果実生産が続けられることである。こうした生産の安定は、多くの根があることによるものである。図34は、根群の密度を示したものである。地植えの根は、太くて長い新根が直線的に伸びて細根は少ない。根域制限樹の根群は、あまり長く伸びずに分岐し、細根が圧倒的に多く、その密度も高い。その根を健全に維持させるには、土壌水分管理の自動化があってのことである。したがって、土壌の乾燥に伴うブドウ樹の体内水分変化を、各生育段階ごとに理解しておくことが必要である。

（1）好適な土壌水分の指標は
①新梢伸長期

図35は、人工気象室の中で、土壌の乾燥に伴う母枝径の日変化を示したものである。母

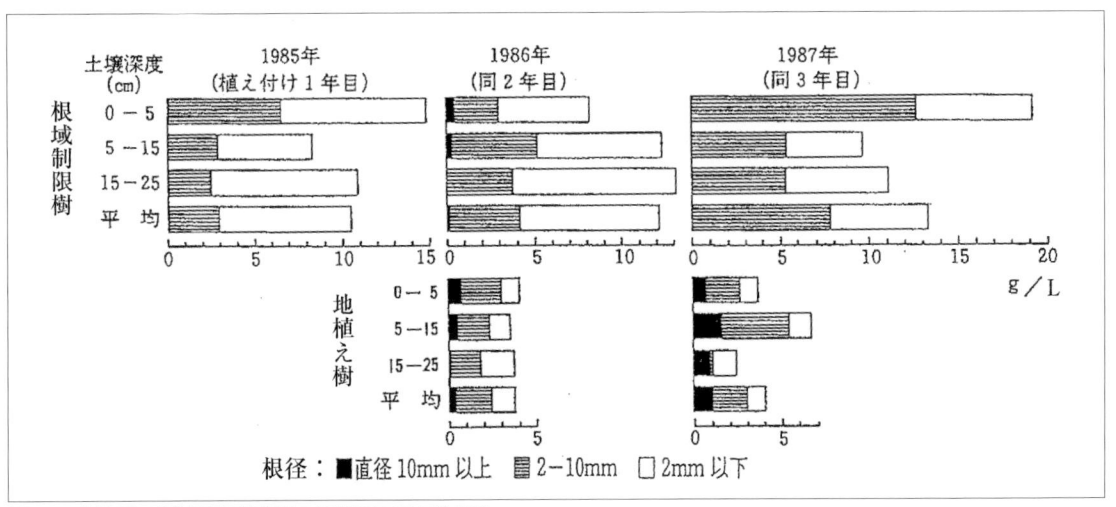

図34　密植型の根域制限栽培樹の根群密度の年次変化

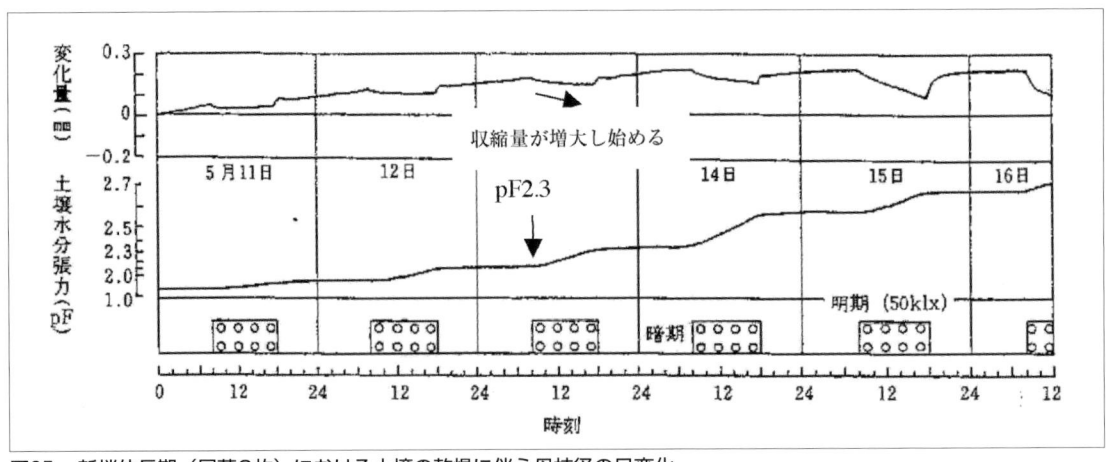

図35　新梢伸長期（展葉9枚）における土壌の乾燥に伴う母枝径の日変化
　　　（人工気象室での実験）

枝径は明期に収縮、暗期で回復、肥大し、明らかに母枝径の肥大が認められる。明期で母枝径が収縮するのは、葉からの蒸散量の増加に伴って、樹体内水分が減少していくためである。土壌が日ごとに乾燥していくと、母枝径の日肥大量は、減少を続け、マイナスの肥大量、すなわち母枝径の細りを示している。ここでは、日肥大量ではなく、明期間での母枝径の収縮量の増大が見え始めることからみて、pF2.3（水柱の高さ200cm）以上の土壌の乾燥は、樹体内の水ストレスは強すぎると判断できる。なお、樹体の生育を母枝径で評価すると、土壌が湿潤なほど有利である。すなわち、苗木の生長をおう盛にしようとすれば、土壌を乾燥させないようにすることである。

ポイント　pFとは

土中の水には、非常に強い力で土粒子に結合されている水から、弱い力で保持された水まである。強い力で結合されている水を土から取り去るには、非常に大きな力がいる。逆

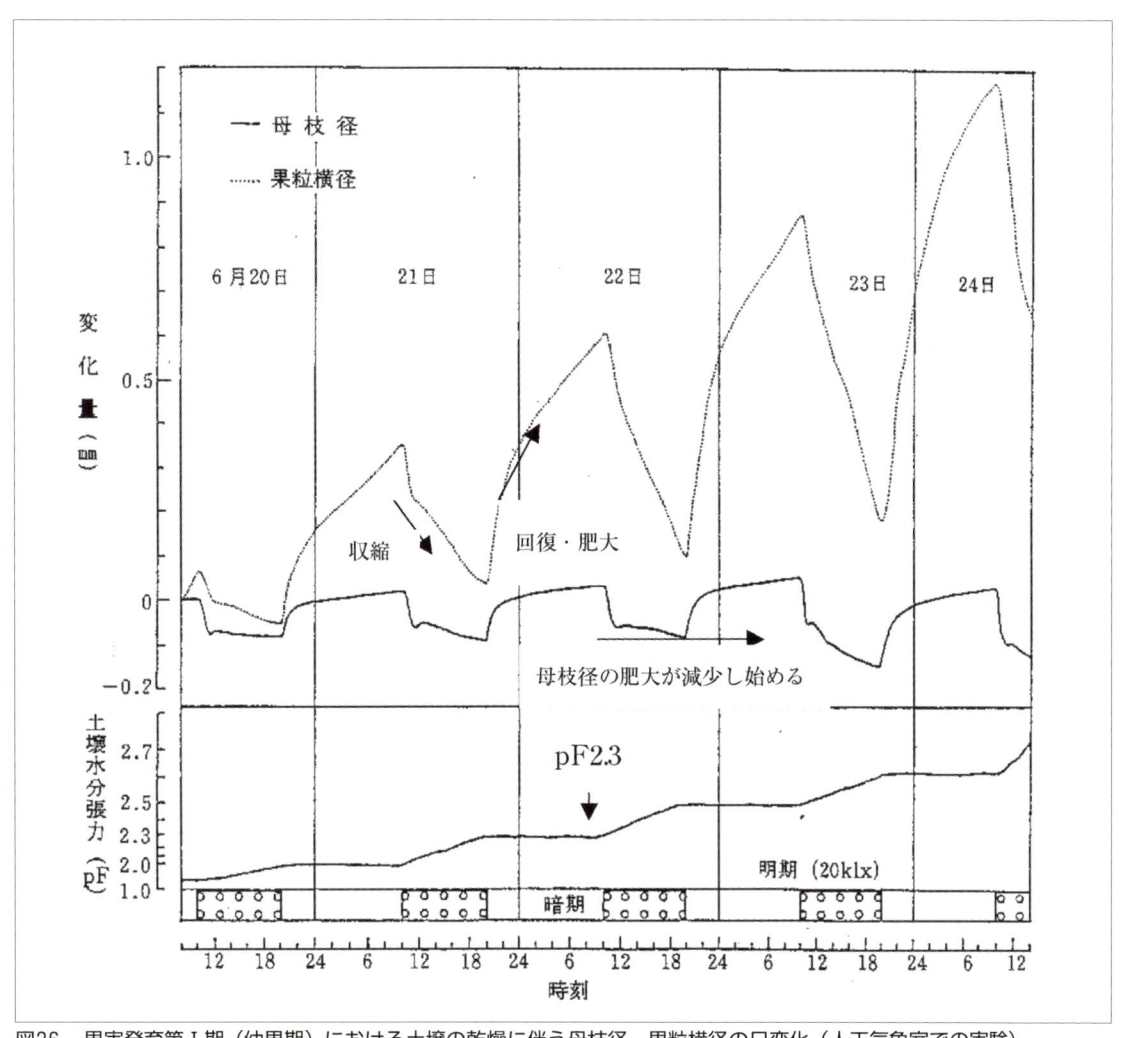

図36　果実発育第Ⅰ期（幼果期）における土壌の乾燥に伴う母枝径、果粒横径の日変化（人工気象室での実験）

に弱い場合は、あまり力がいらない。この取り去る力を水柱の高さ（cm）で表し、常用対数を用いて表示したもの。

pFと水柱の高さ、気圧との関係

水柱の高さ（cm）	pF	気圧
1	0	0.001
10	1	0.01
100	2	0.1
1000	3	1

②果実発育第Ⅰ期（幼果期）

図36に示す幼果期での土壌の乾燥に伴う母枝径、果粒横径の日変化を見てみる。母枝径、果粒横径は、土壌の乾燥が進んだ場合でも、明期で収縮、暗期で回復、肥大している。果実発育第Ⅰ期における土壌の乾燥に伴う樹体での大きな反応は、果粒の収縮に見られる。母枝径の日肥大量は、土壌の乾燥が続くと低下が見られることから、樹体に強い水ストレスを与えない土壌水分張力の上限はpF2.3であると考えられる。なお、日中での母枝にくらべ果粒でのより大きな収縮は、果実から葉へ多くの水分が移行するためである。果実からの水分の移行を最小限にくいとどめるためにも、無駄な新梢の長さや副梢葉は摘心などにより整理することが必要である。

土壌の乾燥に伴う果粒の大きな収縮や夜間の大きな回復・肥大は、縮果症の要因になると著者は判断している。図37に示すように、土壌が乾燥していなくとも、晴天日での日中の果粒の収縮は、約0.9㎜弱にもなり、収縮後からの回復・肥大は1.05㎜にも達する。土壌の乾燥が進めば、この収縮と回復・肥大量はより大きな値になり、果肉細胞の損傷につながるものと考えている。

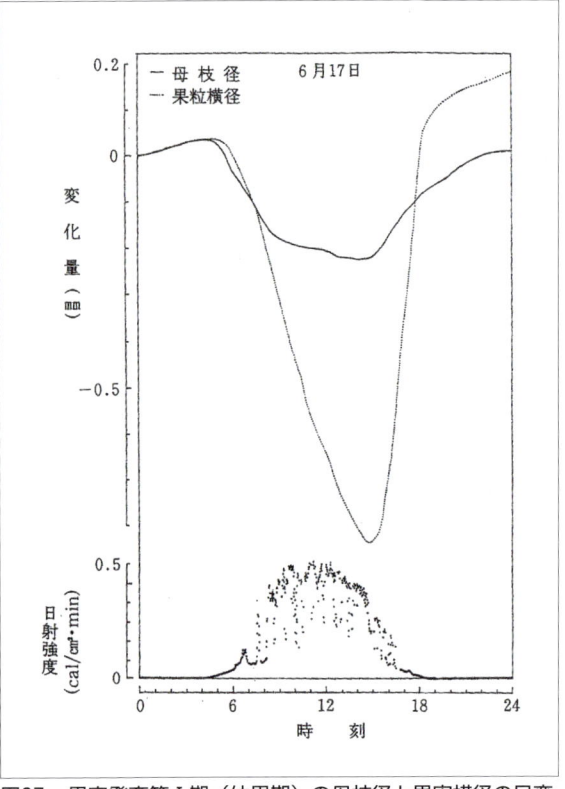

図37　果実発育第Ⅰ期（幼果期）の母枝径と果実横径の日変化

ポイント　幼果期の果実は、日中の収縮と夕方からの回復・肥大で径は1mm以上変化する

果実の収縮は、体内水分の減少に伴って果粒からの水分が葉に移行し、より大きな収縮となって現れる。ほ場での母枝径と果粒横径の日変化を図37に示した。果粒横径は15時頃に最大の収縮量に達し、その後急速に回復、肥大に向かっている。15時過ぎからの急速な果粒の肥大は、日射強度の低下に伴う葉の水ポテンシャル低下による体内水分の回復と同化物質の転移が重なったものによると考えられる。なお、急速な果粒肥大後の夜間後半の緩慢な肥大は、主として水分吸収による膨潤化に基づくものと考えられる。

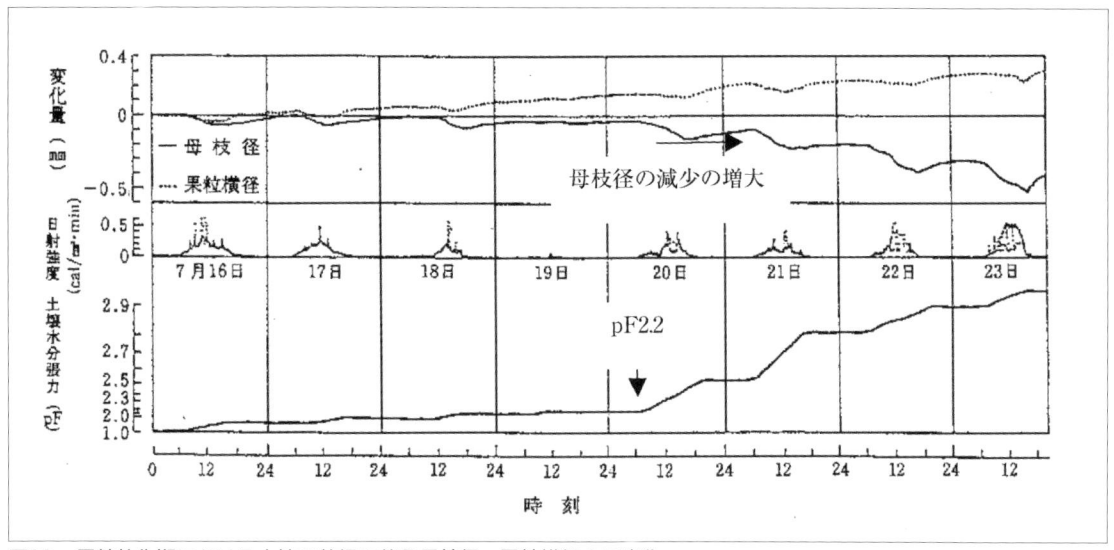

図38　果粒軟化期における土壌の乾燥に伴う母枝径、果粒横径の日変化

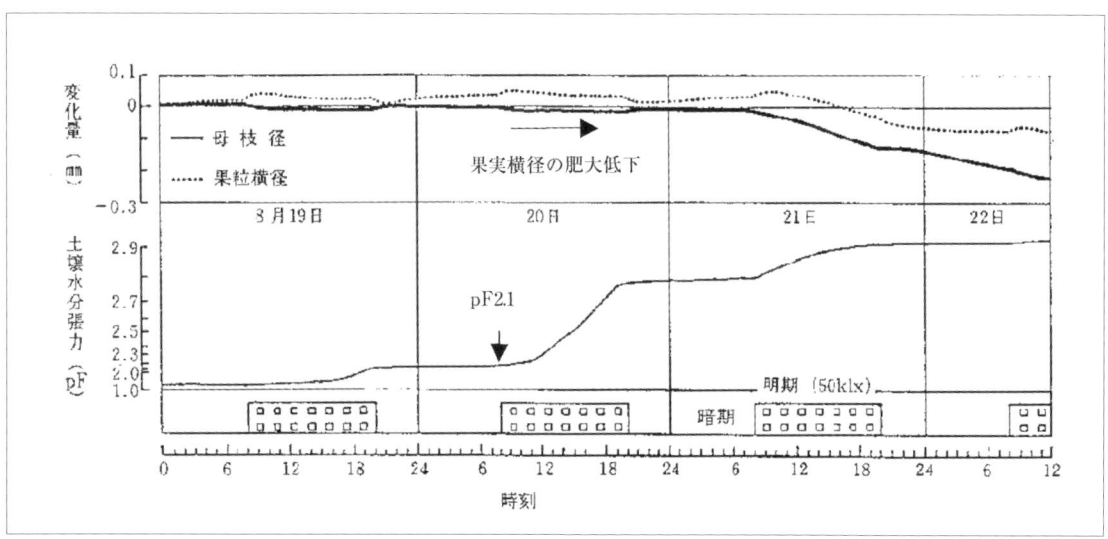

図39　成熟期における土壌の乾燥に伴う母枝径、果粒横径の日変化（人工気象室での実験）

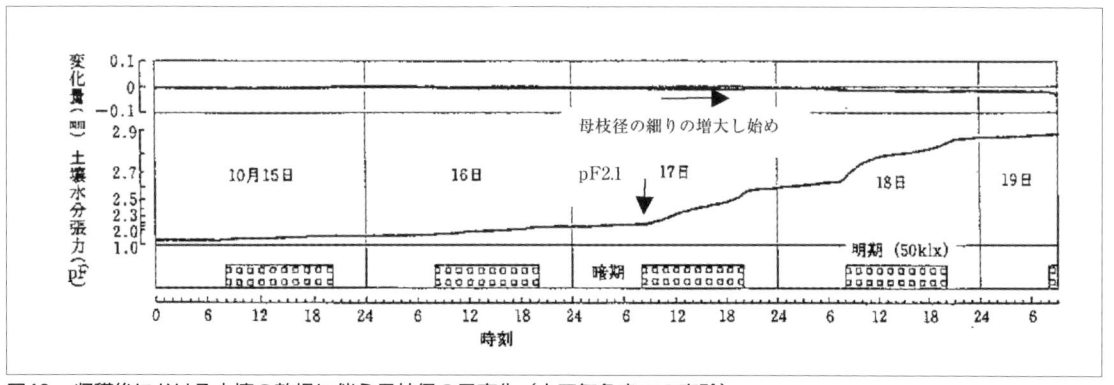

図40　収穫後における土壌の乾燥に伴う母枝径の日変化（人工気象室での実験）

③果粒軟化期

　図38に、果粒軟化期におけるほ場での土壌の乾燥に伴う母枝径、果粒横径の日変化を示した。果粒横径の日変化は日中の日射強度の増加に伴って、わずかに収縮し、夕方から回復、肥大に転じる変化パターンを示した。土壌の乾燥に伴う果粒横径の減少はほとんど見られず、土壌が湿潤な時と全く同じであるが、わずかに果粒横径は肥大していくことが認められる。母枝径の日変化は果粒横径と同様の変化を示すが、肥大は見られず、逆に日々細っていくことが認められる。果粒軟化期では土壌が乾燥に至っても果粒の肥大は進行することから、果粒には水分欠乏は生じにくくなる。母枝径は、土壌水分がpF2.2（水柱158cm）を超えると明瞭な減少が見られることから、果粒軟化期では、樹体に強い水ストレスを与えない土壌水分はpF2.2以下にあると判断される。

④成熟期

　図39に、成熟期における土壌の乾燥に伴う母枝径、果粒横径の日変化を示した。土壌の乾燥が続くと、明期での母枝径、果粒横径とも収縮は増大し、明、暗期間とも肥大量はマイナスとなっている。果実の肥大が継続する土壌水分の範囲はpF2.1（水柱126cm）以下と判断される。

⑤果実収穫後

　図40に、収穫後の土壌の乾燥に伴う母枝径の日変化を示した。pF2.1を超えると母枝径の細りは大きくなっていく傾向を示し、pF2.6からpF2.8の間で細りは急激に増大している。果実収穫後の秋季には、母枝径の日変化は非常に小さいものの、土壌水分がpF2.1以上で日肥大量の低下が増大に向かうことから見て、樹体に強い水ストレスを与え

ない土壌水分はpF2.1以下と思われる。

　以上のように、ブドウの各生育段階で、樹体に強い水ストレスを与えない土壌水分は、新梢伸長期ではpF2.3、果実発育第Ⅰ期はpF2.3、果粒軟化期ではpF2.2、成熟期はpF2.1、果実収穫後の秋季ではpF2.1と指標化される。なお、樹体が強い水ストレスを感じ始める土壌水分張力は生育が進むとともに低くなり、水ストレスの感受性が増す結果になっている。この理由の1つに葉齢の老化に伴う気孔開閉能力の鈍化が考えられる。

（2）かん水開始点の基準

　ブドウ樹が水ストレスを強く感じ始める土壌水分張力は、各生育段階で多少の差はみられるものの、pF2.2前後にあることを示した。したがって、生育の全期間を通じて、pF2.2の自動かん水管理を基準とする。自動かん水は、栽培ベッドに15cm深さの位置に埋設したセンサーがpF2.2に達するとかん水指令器が作動する。図41は、テンシオメータの設置状況である。図42は、生産現場でのかん水指令装置の設置とポンプを設置した小屋を示し、図43は、貯水タンクの設置状況である。

> ポイント 土壌の乾燥特性とかん水による湿潤の特性（図44）

　土壌の乾燥は、ブドウ樹の葉からの蒸散によって根が吸水することにより進んでいく。その乾燥過程は、土壌が湿潤な場合は緩やかであるが、乾燥が進めば急速になっていく。根域制限栽培では、日中の数時間のかん水のトラブルで、ブドウ樹が乾燥害をこうむり、取り返しがつかない事態になる。水管理には細心の注意を払わなければならないことを肝に銘じなくてはいけない。

　図45は、各生育段階での自動かん水の実態である。晴天であれば1日に数回のかん水が

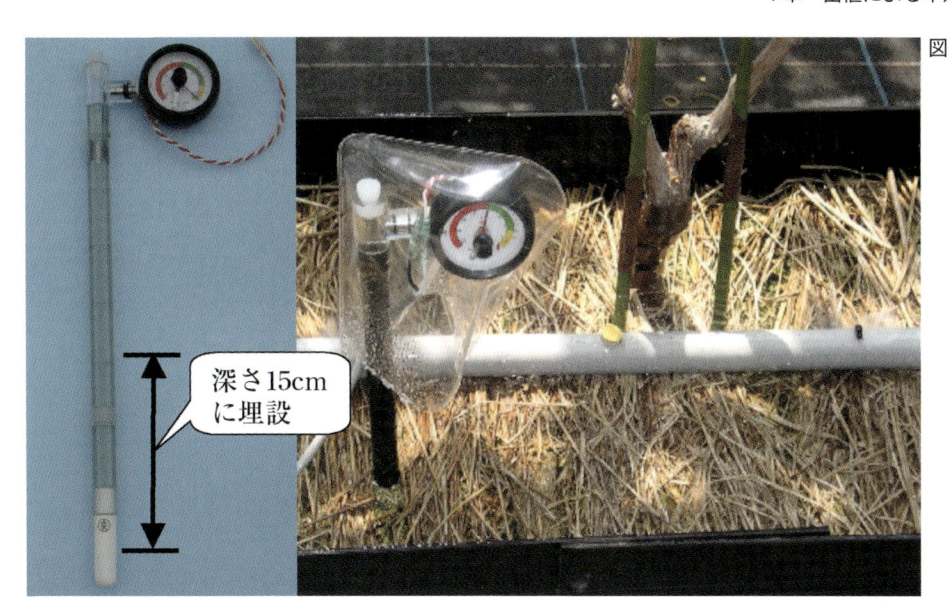

1章　密植による早期成園化システム

図41　テンシオメータの設置とかん水状況
深さ15cmまで埋設

深さ15cmに埋設

図42　かん水指令器とモーターポンプを設置した小屋

かん水指令器
ポンプ

必要となる。もし、電気的トラブル等が生じてかん水ができなかった場合の被害は、この図の実態を見ても明白である。

　かん水の量に関しては5mm程度では、地表面で吸収され、土壌中に浸透するまでには至らない。約5mm以上から土壌中に浸透を始め15〜20mmでやっと培土の深さ25cmまでに達する。樹齢の進行や新根の発生による根群密度の高まりを考慮しながら、かん水量には気を配り、常にウレタンマットが湿潤状態に維持されているかを確認したい。そのためにも、時々かん水後にベッド底部に指を入れてウレ

図43　かん水用の貯水タンクの設置
右のタンクは廃棄された酒樽を利用

31

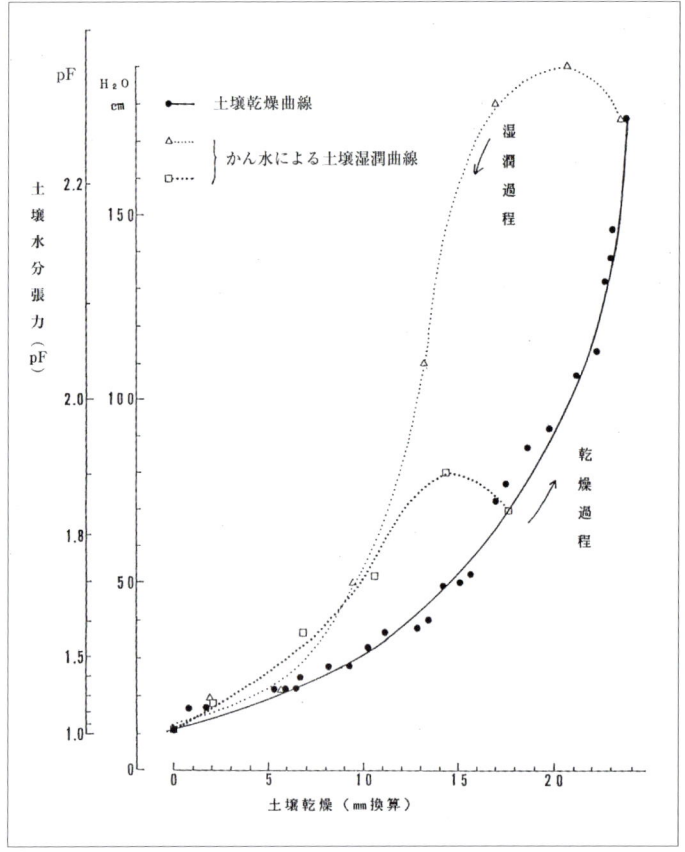

図44　土壌の乾燥曲線とかん水による湿潤曲線
△　土壌水分張力　176cm・H2Oでかん水
□　土壌水分張力　 70cm・H2Oでかん水

タンの湿潤状態を確認する。

次に、10a当たりの1回のかん水量は、ほ場面積の5分の1であるから4tが必要である（20mmかん水の場合）。次回のかん水までの時間は最も短い時で2時間以内である。少なくとも2時間以内に4tは貯水する井戸やタンクの確保は必至である。

ポイント　自動かん水のための電磁弁セット（図46）

自動かん水のための電磁弁の設置は、停電等のトラブルや手動の場合を考えて、手動バルブを付けたバイパスのパイプを設置する。

ポイント　土壌の適度な乾燥は、新梢の力を抑えて、新根の発生を促進する

pF2.2かん水を続けると新梢や副梢の伸長および葉の拡大がpF1.5かん水区より劣るものの、新根の生長はpF2.2の方がはるかに旺盛になる。図47は、新根の生長を示したものであり、図48は、硬核期での新根の発生状況を示したものである。図49は、新梢の節間長と径を示したものである。すなわち、pF2.2程度の土壌の乾燥では、地上部の生長は抑えられるが新根の生長は阻害されることなく、むしろ根は水分を求めて積極的に伸長するものと解釈される。つまり、発芽期からの新梢生育や根の伸長は貯蔵養分に依存しているから、新梢の生育が抑えられるだけ、より多くの養分が根に分配されるものと考えられる。

ポイント　根量の増加は、成熟期での果実肥大を有利にさせる

結実期後の幼果の肥大は、新梢の生育と同様に、発芽期からpF1.5でかん水した区で優れる。しかし、その後の肥大はpF2.2でかん水した区で優れる（図50）。果実発育第Ⅰ期の幼果中の水分は、蒸散に伴って容易に葉内に移行し、果粒は大きく収縮する。この場合、pF1.5区は日中の葉の水ストレスがpF2.2区より少なくてすむから幼果の肥大が優れる。一方、果実発育第Ⅱ期（硬核期）以降になると、葉が水ストレスを受けても果粒はあまり収縮しなくなり、成熟期に入るとより多くの根が発達していることもあり、夜間の吸水量

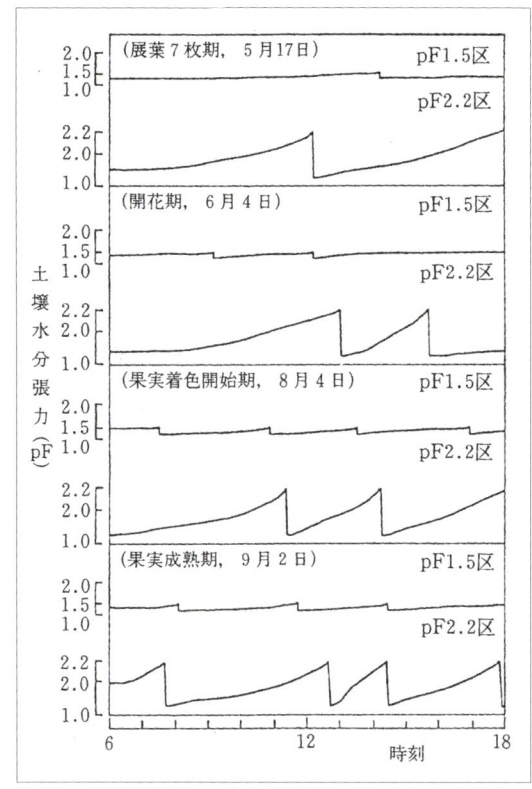

1章 密植による早期成園化システム

図45 根域制限栽培の各生育段階におけるかん水指令による土壌水分の日変化
深さ15cmの値

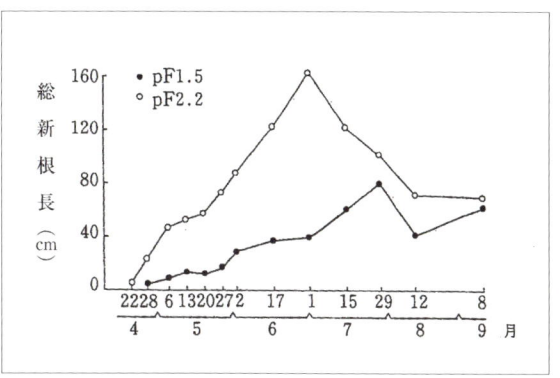

図47 土壌水分の違いと新根の生長

図48 硬核期での根群の状況
培土内全体で多くの新根の発生が見られる

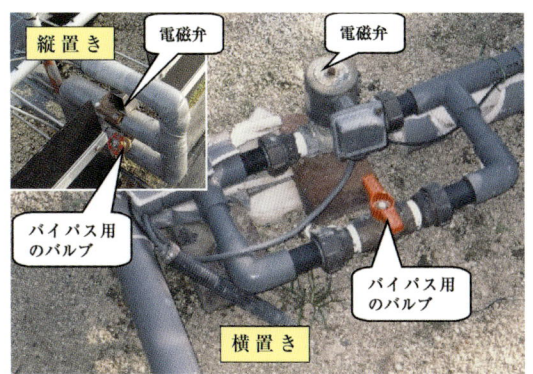

図46 自動かん水のための電磁弁と手動によるバイパスへのバルブの設置

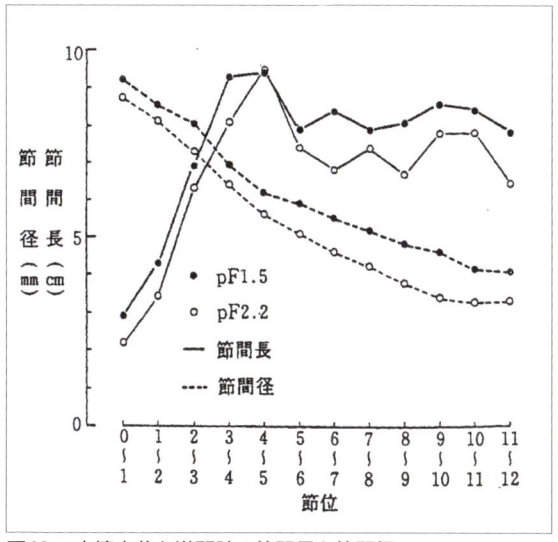

図49 土壌水分と満開時の節間長と節間径

33

が多く、良好な果粒の肥大に反映している（図51）。収穫果の諸形質は、pF2.2区が優れる。このことは、新梢や副梢の生長抑制と根量の多いことが有利に作用した結果である。

> ポイント　**土壌水分の制御は、樹体の生長を制御する**

　土壌水分の違いと樹体の乾物重を表2に示した。土壌水分を制御することにより、土壌がやや乾燥であるpF2.2は、土壌が湿潤であるpF1.5（水柱32cm）よりも、地上部の生育量は劣るものの、根量の多いことが果実生産には有利に作用するものである。

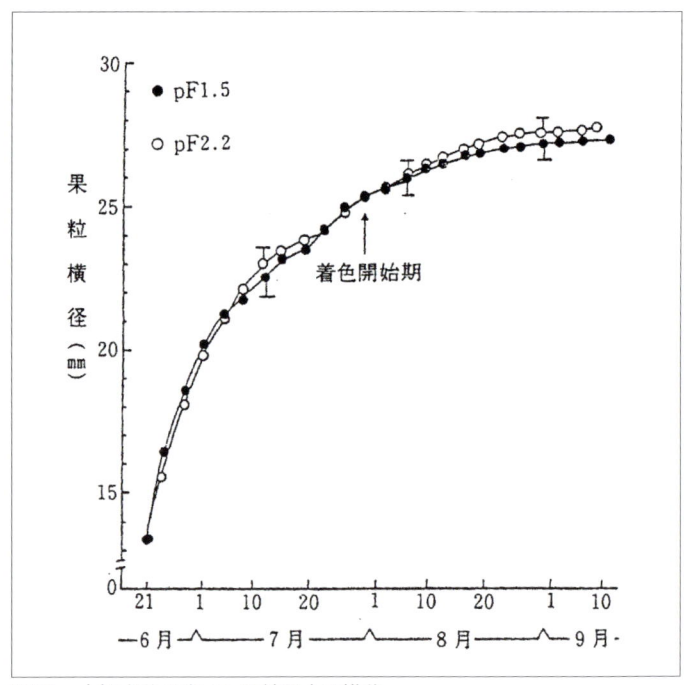

図50　土壌水分の違いと果粒肥大の推移
発芽期から、それぞれ土壌水分張力pF1.5とpF2.2の自動かん水

（3）かん水開始点の指標化

　かん水管理は、発芽の2週間前に十分かん水した後テンシオメータをpF2.2に設定する。結実期まで（満開2週間後）はpF2.2とし、その後2日間隔で、pF2.0（水柱100cm）、pF1.8（水柱64cm）、pF1.5と徐々にかん水点をpF1.5にする（かん水直後では、pF1.2以下まで下がる）。ただし、土壌の物理性によっては、pF1.5～pF1.8の範囲の値にする。着色開始期（ほ場の中で着色した果房が見られた時点）になると、かん水開始点をpF2.2まで2日間隔で0.2ずつ上げていく。収穫後はpF2.1かん水とする。落葉後は、土壌水分センサーを撤去し、きれいに洗浄して来春まで保管する。冬季のかん水は、土壌の乾燥状態を見ながら、乾燥しすぎないように、よく晴れた午前中に適宜行う。

> ポイント　**根域制限栽培は有核果生産を有利にする**

　根域制限の結実改善効果は土壌水分条件や新梢の勢力とはあまり関係がなく、花穂に供給される栄養やホルモンの量や質の変化、あるいは花器の発達や受精の改善によるものと思われる。

（4）テンシオメータの設置

　テンシオメータの設置は、代表的な樹を選んで設置する。品種が違えば、品種ごとに設置したい。品種によって水分要求量が違うからである。したがって、園内における品種の構成は、ベッド列単位に設置する。
　ベッド等への設置の仕方は、
①テンシオメータの筒より一回り径の大きい穴あけ用の杭を準備して、深さ20cmまで杭を打ち込む。
②テンシオメータの深さは、ポーラスカップ

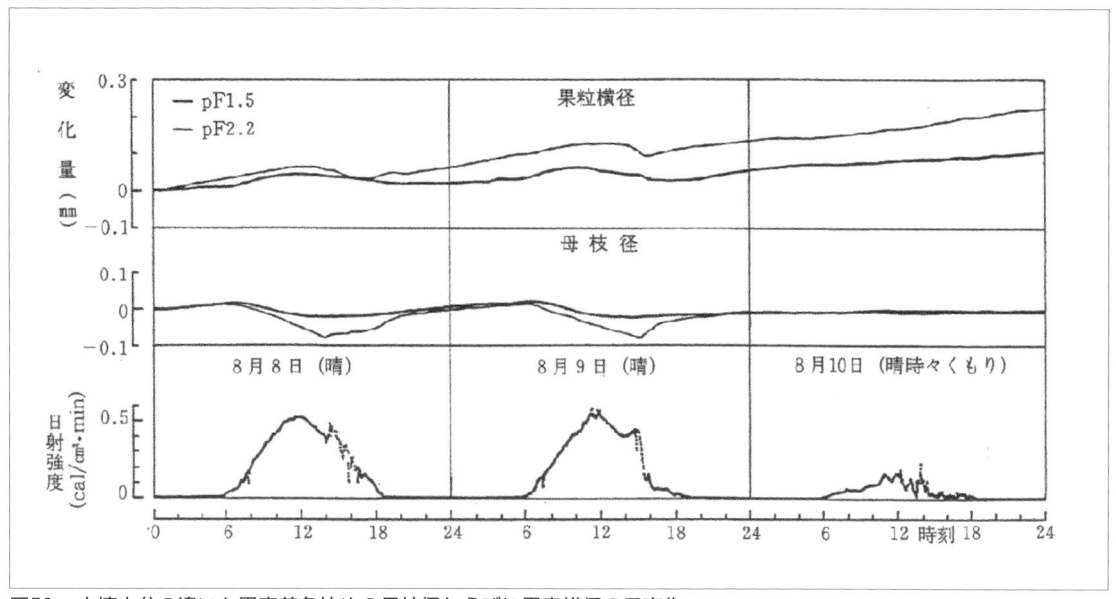

図51　土壌水分の違いと果実着色始めの母枝径ならびに果実横径の日変化

表2　土壌水分の違いと着色期における部位別の乾物重（g）

土壌水分	部位	葉身			葉柄			副梢	新梢			新根
	節位	1-4	5-8	9-12	1-4	5-8	9-12		1-4	5-8	9-12	
pF1.5		52.9	79.3	81.1	6.5	11.3	15.0	117.4	152.2	130.8	58.7	63.2
pF2.2		52.5	62.1	49.4	6.4	8.5	7.9	36.4	98.8	80.1	48.0	116.1

注）植え付け5年目、1990年7月27日に調査

部分（素焼きの陶器）の中心から15cmであるので、周りにある目の細かい培土を入れて深さを調整する。

③土の深さが決まれば、テンシオメータと培土の隙間の周りに培土を入れて、よく密着させるために、水を使って奥まで流し込み、ポーラスカップ部分と培土の隙間を埋める。

2章
拡大型根域制限栽培システム

購入苗による1年生苗木の定植から始める、新たな根域制限栽培システムである。

◆1.根域制限ベッドの作成

(1) 根域制限ベッドの幅
根域制限のベッド枠は、樹冠面積の5分の1である（樹列間は最低2.2mが基準）。したがって、列方向に通してのベッドであれば幅は44cmで、栽植距離に合わせて仕切りをすることになる。しかし、隣のベッド枠への根の侵入防止や、棚の突き上げ柱（中柱）をベッドの枠外に設置するためには、ベッド幅は50cmと広くして、隣のベッド枠との間に棚の突き上げ柱設置のスペースを作る。図52に示した側面図のように、栽植間隔を4mとすれば、隣とのベッドの隙間は40cmとなり、突き上げ柱の設置スペースには十分である。

(2) 栽植間隔の決定
1樹当たりの栽植間隔は、ブドウ棚の周囲柱の間隔によって決める（突き上げ柱は、周囲柱の間隔と同じ）。周囲柱の間隔は、棚の強度維持によって決まるものであり、一般的には4mが標準となる。栽植間隔は、主枝一挙拡大法（後述、著者命名）としては、最高6mが限度と考えられる。

(3) 根域制限栽培の枠の作成（図53）
①整地
ベッド枠下の土面は、小石を取り除き、土面の凹凸に土を入れてランマー等の機械を使って平らにする。根域制限では、整地は重要な作業である。

②根域制限ベッドの設置位置の決定
ベッドへのかん水パイプは、根域枠の中央に設置される。また、ベッドを設置する時には、既にブドウ棚は設置されている。したがって、図54に示したように、棚の突き上げ柱の直径分だけ、ベッド列をずらすことを忘れてはならない。

③地面へのビニールの設置
ビニールシートは丈夫なもので、幅は広いものがよいが、70cm位あればよい。シートに小さな穴でも、根が侵入してしまうと、その根は肥大化して、樹勢の制御は不能となる。

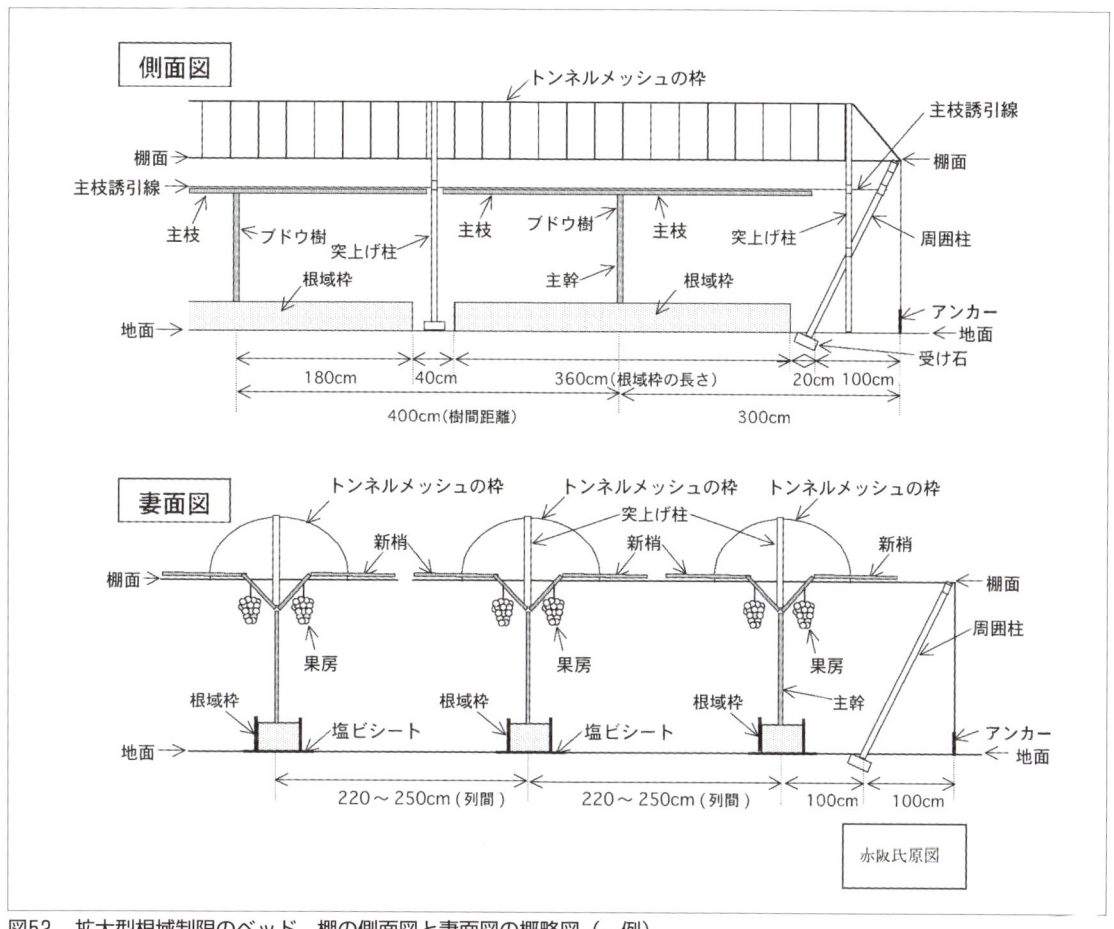

図52　拡大型根域制限のベッド、棚の側面図と妻面図の概略図（一例）

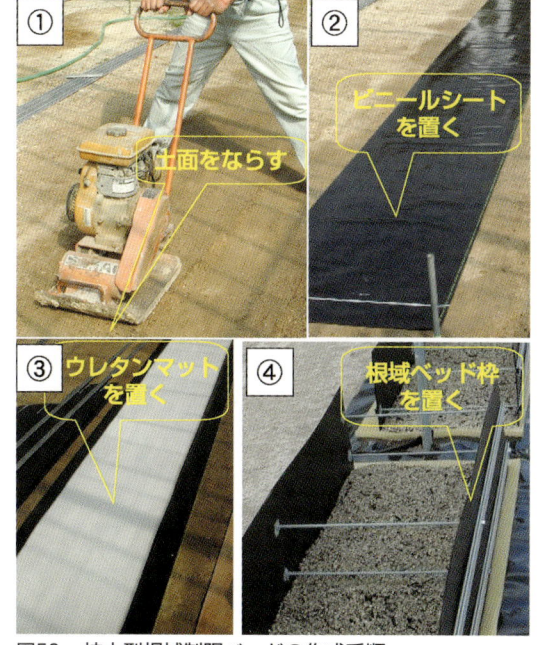

図53　拡大型根域制限ベッドの作成手順

少々設備費が高くなるが、プラスチック段ボールを利用する生産者もいる。

④ウレタンマットの設置

　ウレタンマットの幅は、根域枠の両サイドに数cm出る程度とする。例えば、根域枠が50cm幅であれば、55cm幅でよい。利用するウレタンマットは前述のとおりである。

⑤プラスチック段ボールを使った根域枠の作成

　プラスチック段ボールを使って、根域枠を作成するには、建築資材としてのコンクリート枠の固定に用いられているCセパを利用する方法もある。Cセパとはセパレータの略であり、Cは座金が付いたもの。内側幅50cmのCセパを購入して、図55に示しているよう

図54 ベッド枠の配置
ベッド枠は、突き上げ柱の直径部分だけずらして設置し、かん水パイプのラインがベッド中心部に来るように配置する。苗の植え付けもベッド中心部でなくずらして植え付ける

に固定する。図56に示すように、プラスチック段ボールへの取り付け位置は、ベッド中央から左右に40cmで80cmの間隔になる。この間隔は培土量100Lに相当する。210cmの間隔は、定植翌年の9月に増し土をする間隔である。354cmの間隔は培土量全量となる。それぞれのCセパの位置はプラスチック段ボールの仕切り板を入れる位置となる。なお、Cセパを設置した後に、亜鉛メッキのスプレー等で腐食を防げばなおよい。

ポイント　ベッド外への散水防止の工夫

培土の高さは25cmであるが、プラスチック段ボールの高さは30cmを標準にしている。しかし、かん水によりベッド枠外の通路に散水が多くて気になる場合は、段ボールの高さを30cm以上の高さにすればよい。

ポイント　ベッド枠の作成にパイプ杭の利用

ベッド側面のプラスチック段ボールを固定するために、外枠に杭を打ち込んで作成する一般的な方法もある。図57は、杭を使ってのベッドの作成例である。

①内側が根域枠の幅になるように杭を打つ。杭の間隔は1m前後とする。
②側面のプラスチック段ボールを固定するために杭に横棒を針金やねじで留める。横棒は、上下2本がしっかりと側面を固定できるので望ましい（図は1本の場合）。2本の場合は、下の横棒は地面から5cm程度の位置がよい。1本の場合は真ん中からやや下の位置になる。
③地面にビニールを敷く。しっかりシートを広げる。地面に小石があるとシートに穴が開くので注意する。シートの切れ目を重ねた場合、隙間から根が外に出てしまうので、シートは必ず1枚ものを使う。可能な限り厚くて朽ちない素材がよい。
④ウレタンマットを敷く。
⑤プラスチック段ボールを設置する。ビニールシートとウレタンマットは、段ボールの外にしっかり出す。

その他、現地での設置事例として図58に示すように、ベッド底面をコンクリート張りにして杭も固定し、ビニールシートを省略している。

2章 拡大型根域制限栽培システム

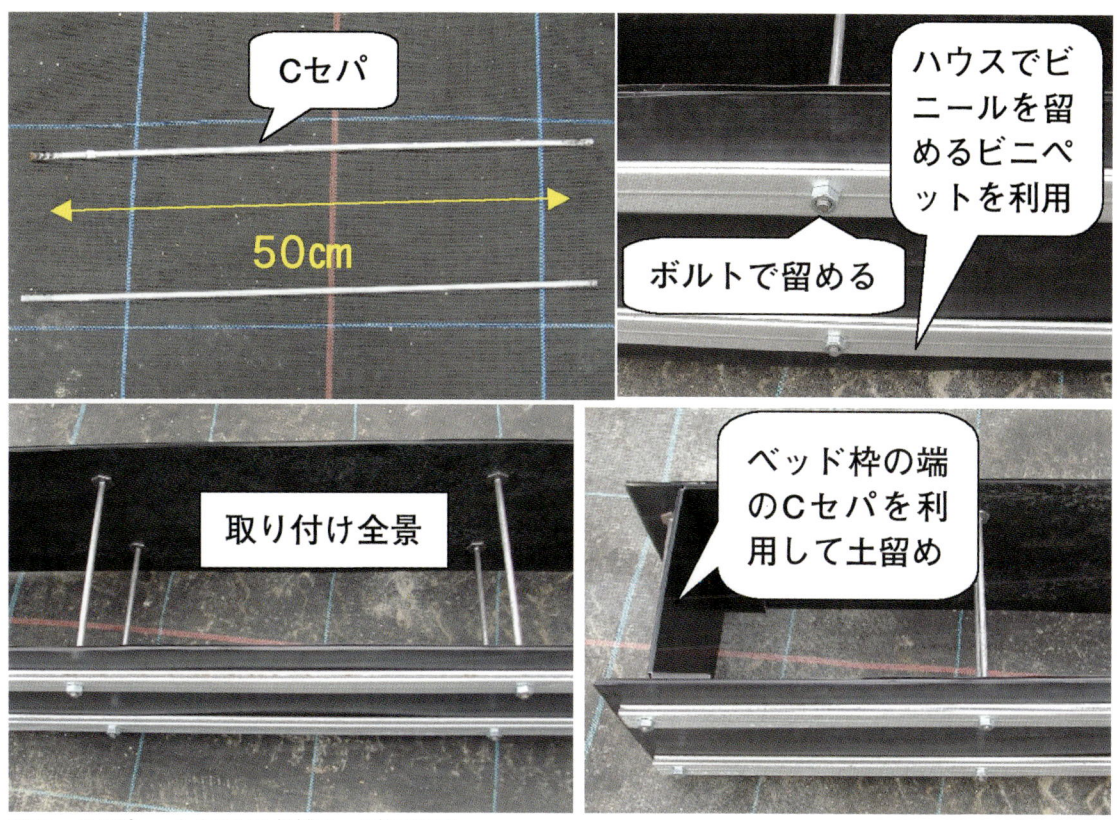

図55 Cセパレートを用いた根域ベッド枠の作成

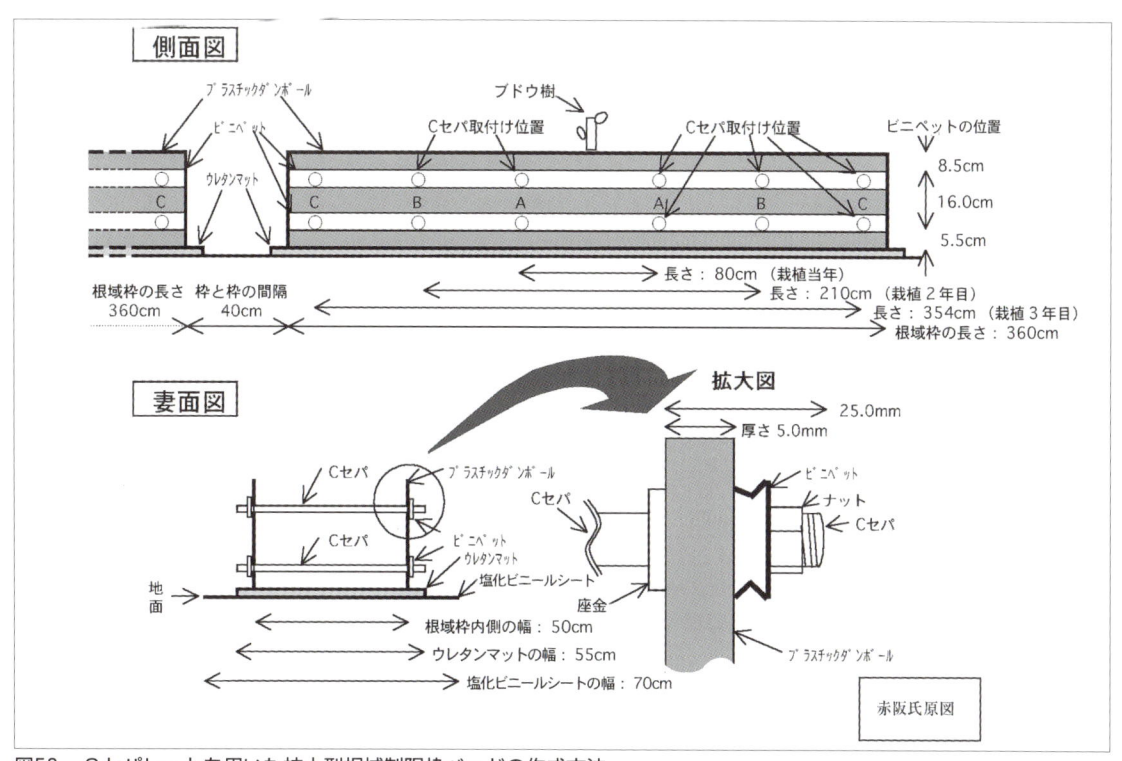

図56 Cセパレートを用いた拡大型根域制限枠ベッドの作成方法

図57 根域枠の作成にパイプの打ち込みを利用した拡大型根域制限栽培ベッドの構造
　　まず、パイプを打ち込んで、ベッド枠を完成させる。枠の中にビニールシートを敷いて、その上にウレタンマットを置く。枠のサイドにプラスチック段ボールを置いて、培土を入れる

ラベル:
- 培土量100リットル 表面はワラなどでマルチする
- プラスチック段ボール
- かん水パイプ
- ビニペット
- 仕切り
- 杭
- ウレタンマット（2cm厚）
- 針金で留める

図58　根域ベッドの底部をコンクリートとした拡大型根域制限の現地事例
　　　上：型枠の作成　　下：完成

◆2. 苗の定植と栽培管理

(1) 定植の方法

　定植時の培土量は100Lとする。幅50cmのベッドでは、Cセパ利用の枠では80cmの間隔で仕切り板を入れる。杭の場合は、台形に盛り土する。底辺の長さは100cm、上辺60cmの台形となる。Cセパ利用の場合でも台形の盛り土でかまわない。初めに中心部に25cmの高さまで盛り土をし、その上に苗を乗せて根を広げる。深植えにならないようにする。かん水して、培土の高さが安定したら、地際の根幹部に径10cm位で盛り土をしておく。冬場の乾燥や寒害を防ぐためである。発芽が始まればその盛り土は除去する。

　なお、かん水は、直管パイプの設置によりノズル散水する場合には、前述したように（図54）、直管パイプをベッドの中心に配置する必要がある。そのため定植位置を中心からパイプ分だけずらすことを忘れないようにする。図59は、定植から発芽・展葉・新梢の伸長状況である。

ポイント　ベッド表面にはワラ等で被覆する

　ベッド表面は、培土がむき出しの状態では、土壌表面が乾燥しやすいため、表面に近い細根を傷めてしまう。そこで、図59にも示すように、表面をワラなどで被覆し、蒸発防止を図る。また、バーク堆肥をうすく敷いてもよい（窒素含量が極力少ないもの）。また、こうした被覆資材によって、ベッド全面へのかん水の均一が図れる。

　拡大型で、ベッドへの培土が入っていない部分のウレタンマットは日光に当たると、風化してしまう。図60は、ポリマルチや培土などで被覆し、遮光している状況である。

図59 拡大型根域制限の主幹2本法による苗の定植から発芽、新梢伸長の状況
　1：定植、2：発芽、5：主枝誘引線に棚付けして展葉20枚位に伸長、6：秋季の伸長状況、隣の苗からの伸びた新梢が届いており、棚上の伸長量は片主枝で4mを超えている

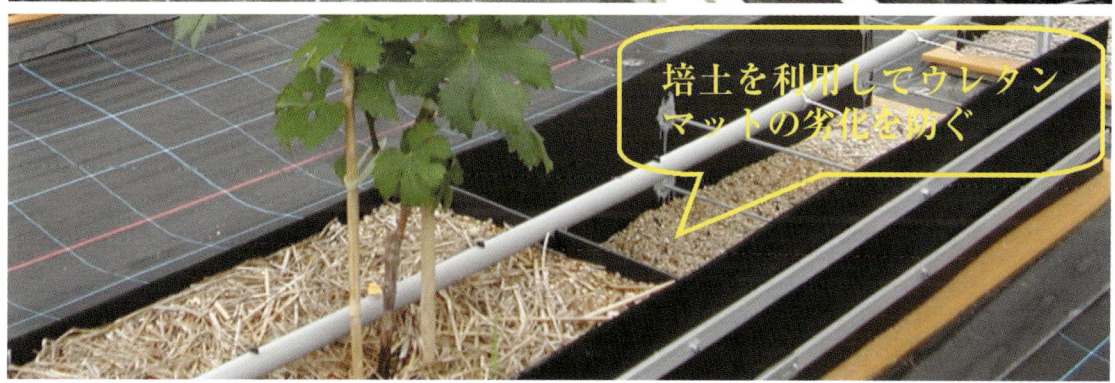

図60 拡大型ベッドの未培地部分のウレタンマットに黒色のポリフィルム（上）や培土（下）を被覆して、ウレタンの劣化を防ぐ

（吹き出し上）ポリフィルムを被覆して、ウレタンマットの劣化を防ぐ

（吹き出し下）培土を利用してウレタンマットの劣化を防ぐ

ポイント　苗のせん定は、寒冷地では凍結が見られなくなってから

　苗は支柱で支える。定植後は十分にかん水する。ただし、最低気温が氷点下になる恐れがある場合は、午後からのかん水は控え、翌朝にかん水する。

　また、苗のせん定は、寒冷地では2月下旬で凍結が見られなくなってせん定する。この時、切り口を側芽のない方向へ斜めにしておくと、樹液が出てきた場合にも芽にかかりにくい。樹液が芽にかかると発芽不良を起こしやすい。

(2) 主枝育成法の決定（図61）

　一文字短梢せん定整枝の主枝の育成法について考えてみる。4倍体の品種は、頂芽の優勢が強く、かつ、発芽の揃いが悪い。主枝の一挙拡大法において、主枝基部の発芽が悪いと将来にわたって結果枝の確保に工夫を残すことになる。

①慣行法

　まず、一般的な方法は、第1主枝から発生

図61　主枝育成法
左：慣行法、第1主枝から副梢を利用にして第2主枝を育成
中：摘心法、新梢摘心による2本主枝の形成
右：主幹2本法、基部2芽による主枝の形成

した副梢を第2主枝とする方法である。苗木を基部1～2芽に切り返し、発芽後できるだけ基部に近い1芽を伸長させ、伸長した新梢を第1主枝とし、第1主枝から発生した副梢を第2主枝として利用する整枝法である。第2主枝の選定は、主枝誘引線から30cm位下がったところとする。主枝誘引線に達する第2主枝の節位は5節以上としたい。それぞれの主枝から発生した副梢は、葉1枚を残して摘心を行う。

しかしながら、本育成法は、第2主枝の選定時期を間違ったりすると、第1主枝と第2主枝との伸長に生育差が生じ、翌年の発芽や新梢伸長に支障をきたすことになる（図62）。ことさら、主枝一挙拡大法にとっては、主枝間のバランス（生育期間中での伸長量の差）を図ることが必要である。図63に示すように、翌年には均一に発芽することが重要である。

②**摘心法**

各主枝の生育に大きな差がなく、棚面での主枝上の発芽の均一性を得やすく、技術的にも簡単な主枝の育成法である。

苗木を基部1～2芽で切り返し1本の新梢を伸長させる。ここまでは、慣行法と同様である。展葉10節以上にも伸長すれば各節位に副梢が既に発生している。8節前後から発生した良好な副梢を2本確認して、その上の節位で摘心し、2本の副梢を主枝として伸長させる。

③**主幹2本法**

苗木を基部2～3芽で切り返し、2本の新梢を主枝として伸長させる。もっとも簡単な方法である。また、伸長途中で1本の新梢の生育が不良の場合は、摘心法とか慣行法への変更も可能である。図64は翌年の発芽・新梢伸長の様子である。

(3) 新梢の誘引

主枝としての新梢は、主枝誘引線に新梢の側芽が横となるように丁寧に誘引する。側芽が上下になると、次年度の発芽揃いや新梢の伸長に生育差を生じやすくなる。誘引のコツは、図65に示すように、主枝誘引線に新梢が到達しても、誘引線にすぐには誘引せずに、できるだけ高く伸ばしてから誘引する。そうすれば、新梢の1ヶ所のわずかな捻りで、側芽はすべて横になりやすい。

> **ポイント**　新梢誘引に巻きひげの利用

主枝誘引線に新梢の側芽を横になるように誘引するのは、結構手間がかかるものである。図66に示すように、主枝誘引線より伸長した新梢の巻きひげを残しておくと、主枝誘引線に誘引した新梢の左右のバランスを取ることになり、側芽は横になる。巻きひげの切除は、ある程度、新梢が固定した段階で逐次行えば

2章　拡大型根域制限栽培システム

図62　慣行法の主枝育成に対して、第1と第2主枝との生育の不均衡等によって生じた第2主枝の発芽不良・不均一の様子

図63　第1主枝から副梢を利用して第2主枝とする慣行法による主枝育成法
第1、2主枝とも新梢の生育がよく揃っている。第2主枝とする副梢を伸長させるタイミングが悪いと、第1主枝と第2主枝との生育差が生じ、生育が不良になったり、翌年の発芽が不揃いになる

（第1主枝から副梢を利用して第2主枝とする）
（第1主枝）

図64　主幹2本法による主枝育成の定植翌年の春季の新梢の発芽・新梢伸長の様子
生育が揃って発育している

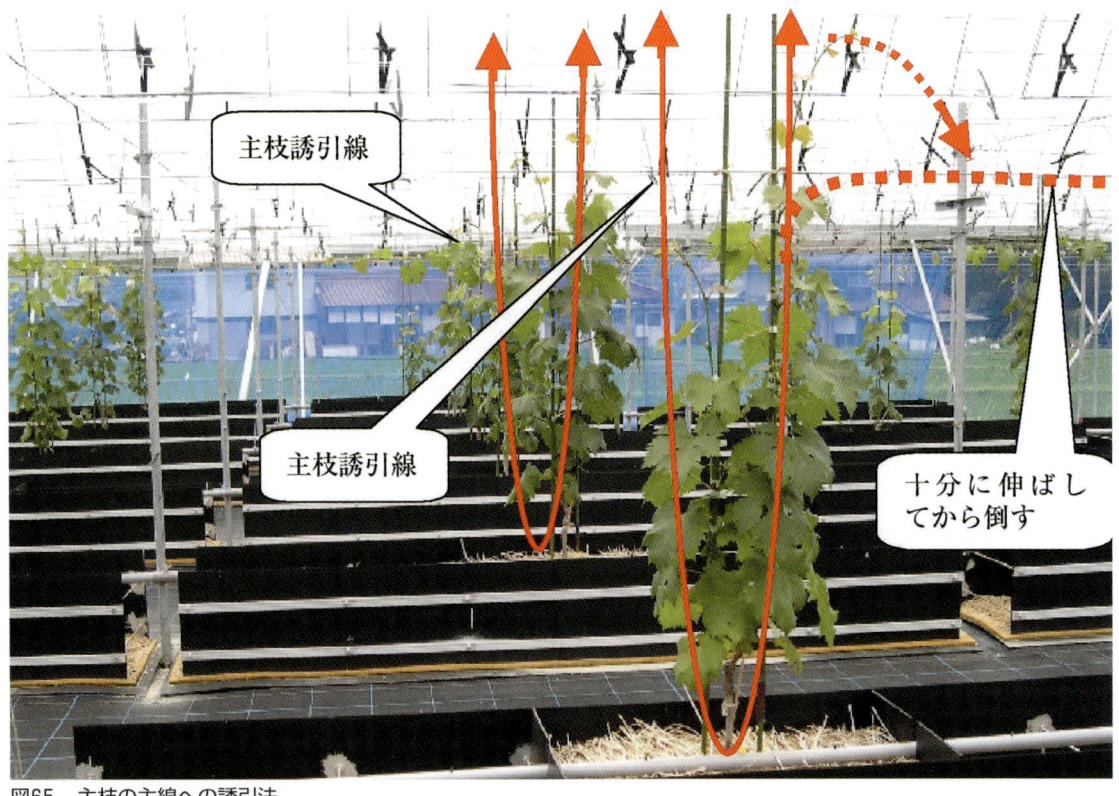

図65 主枝の主線への誘引法
主枝誘引線から上にできるだけ伸長させてから、主枝線まで倒して誘引する

図66 新梢上の側芽が、巻きひげを残すことにより横芽になって保たれている
新梢が斜めになったりしないように、巻きひげが左右でバランスをとっている

よい。この技術は、生産者の小田原正寛氏が自園での観察力から生み出されたものである。

(4) かん水

かん水は必ず自動化とする。土壌水分pF1.8以下の管理で20mmのかん水量とする。ベッド底部から水が染み出ていることを確認する。かん水量が不十分でウレタンが乾くことになると、すぐに根はウレタンを通過して、脱出することになる。図67は、根が脱出した状況の写真である。根が脱出してしまうと、完璧な根域制限栽培は困難となる。

(5) 施肥

施肥は、植え付け時に1樹当たりナタネ粕を100g、展葉後から8月下旬まで2週間に1度、窒素、リン酸、カリを各々1：0.5：1gとする。総合微量要素資材（ハイグリーン等）は1樹当たり50gを展葉後に施用する。単肥でなく複合の化学肥料を用いる場合は、窒素の基準が正確であれば、肥料成分比に少々の誤差があってもかまわない。

(6) 増し土

9月中旬に増し土を行う。増し土は、全体のベッド枠の60％とする（図68）。また、次の増し土は、翌年には行わず、翌々年に80％で、その翌々年には100％となる。これを基準とする。図69は、増し土後の11月には多くの根が伸長して、増し土の中で満たされている状況を示したものである。秋根の発生・伸長の旺盛さを示している。

(7) 秋肥施与

増し土後に秋肥を施与する。施肥量は、次年度の着果量の予想によって決定する。翌年に着果させる1樹当たりの結果枝数は、伸長した主枝節数100節に対して18本が基準である。100節とした場合、主枝上の新梢の配置数は1mに12本と基準化しているので、栽植距離が4mでは、合計12本×4＝48本の枝梢数になり、結果枝数は18本、未結果枝数は30本となる。実際の節数は9月中旬では、まだ伸長しているので、1主枝当たり5節程度割り増して全節数を算出する。

なお、翌年の結果枝数は決定できるが、未結果枝数は、順調に生育していれば主枝の節間が長いので、新梢の配置数は1mに12本より少ない数となっている（後述の例を参考にする）。したがって、樹ごとに節数を記録して、樹当たりの未結果枝数から施肥量を算出する。

例えば、品種による強弱勢によって新梢の生長量に差は見られるものの、平均的な伸長量は、2本の主枝の合計で12m前後である。また、節数の合計は115節前後である。栽植距離を4m間隔とすれば、棚上の主枝節数の合計は36～44節で、節間長は9～11cmである。したがって、翌年の棚上の主枝1m当たりの節数は9～11節が標準的なところである。次の年には、せん定時による芽数調整によって、主枝上の新梢の配置数を1mに12本となるように確保する。瀬戸内の温暖地の生産者では、2本の主枝の合計伸長量が13～15m、節数の合計は150～170節まで生長させている。

施肥の成分基準は、1果房（450～500g）当たり、窒素、リン酸、カリを各々1.5：0.75：1.5g、未結果枝分は、0.5：0.25：0.5gと計算して、1樹ごとの施肥合計を算出する。また、同時に総合微量要素資材を1結果枝当たり8g施与する。

ポイント 培地の目減りに伴う培土の補給

まず、植え付けてかん水を十分に行うこと

図67 拡大型ベッドのウレタン底部に進出した根の状況
上：根の進出が見られる
下：全く根の進出は見られない

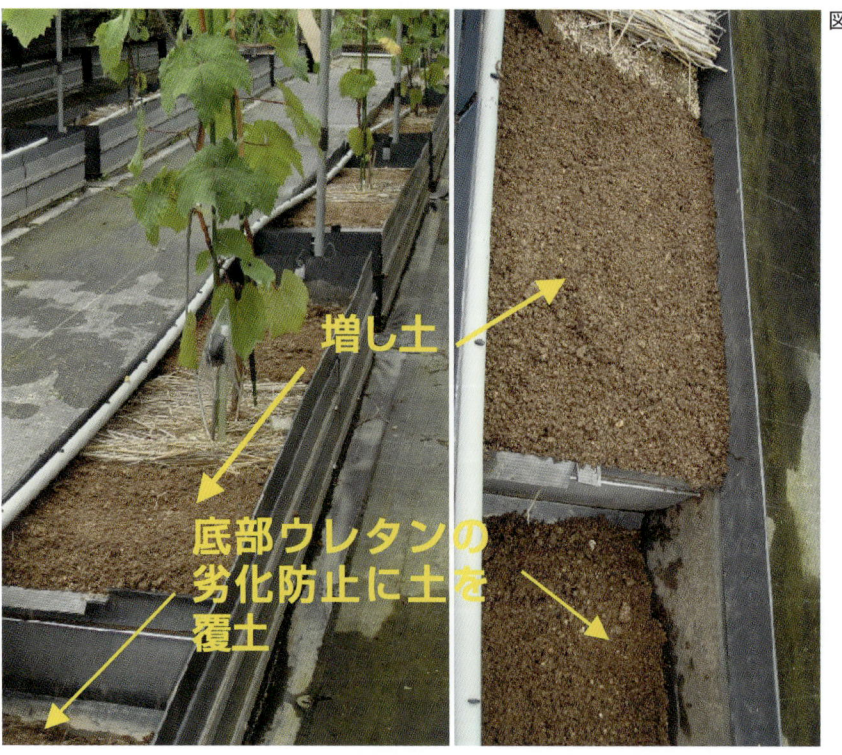

図68 ベッドへの増し土
定植初年度の9月に増し土をする。ベッド全体の60%とする

増し土

底部ウレタンの劣化防止に土を覆土

2章 拡大型根域制限栽培システム

図69 秋季の増し土前の断面による根の状況と、増し土後約2か月目までに伸長した根の断面図

9月7日 → 11月2日
（長さ６５cmの増し土後の断面）

図70 定植翌年の春の主枝下げ
主枝上の芽が均一発芽するように努力する

により、培地は沈んでしまうので、さらに培土を補給して高さ25cmを維持する。増し土の場合も同様である。冬季になると、培地もまた目減りしている。春を迎えるまでに、培土を補給してベッド全面を平らに整地しておく。ベッドの培地表面が凸凹であれば、かん水も均一にならず、底部ウレタンを均一な湿潤に保てない。根域制限栽培は、丁寧さが必要である。

(8) 落葉後の主枝のせん定

落葉後、主枝の長さは成園時の長さでせん定を行う。すなわち、主枝一挙拡大法である。

(9) せん定した主枝のぶら下げ

せん定した主枝は、図70に示すように主枝の先端を下げ結束しておく。こうすることにより春季の主枝からの発芽に均質性を期待するものである。面倒がらずに徹底してほしい。発芽・展葉が見られ始めたら、芽を欠かないように丁寧に主枝線に誘引して結束する。主枝の各節から均等に発芽、伸長させることは、栽培家にとって大変満足することである。

図71は、定植年に伸長した新梢の冬季の様子から、主枝のせん定、主線への結束、定植2～4年目までのせん定樹を示したものである。

ポイント　主枝上の不発芽の解消

定植2年目の当年の不発芽については対処できないが、翌年については、図72に示したように、母枝を主枝基部の方へ返して、欠そく節の芽を確保できる。1～2の欠芽なら、後述する母枝のせん定程度で工夫はできる。

ポイント　主枝一挙拡大法

地植えの一般栽培では、主枝数の本数により、U（主枝2本）、H（主枝4本）、WH（主枝8本）型の整枝により年々樹冠を拡大し成園に至る。なお、樹冠の拡大に伴う延長枝の基部が発芽しにくい欠点もある。一文字短梢せん定整枝については、主枝数が左右で2本であり、樹冠の拡大量にも限界がある。したがって、地植え栽培では樹勢の調節が難しく、ほとんど採用されていない。根域制限栽培は、地上部と地下部を調節できるのが利点である。定植1年目に伸長した一文字整枝の新梢を、樹冠完成時の主枝長でせん定するので、樹冠を一挙に拡大する意味で、「主枝一挙拡大法」と命名した。

◆3.定植2年目の管理

(1) 施肥

発芽期になると、春肥としての施肥を行う。施肥時期は、発芽の2週間前に十分にかん水をしてテンシオメータを土壌水分張力pF2.2に設定して、次のかん水指令が出る前までに行えばよい。施肥量は、昨年の9月の秋肥と同量を施す。当年の9月の収穫後には、翌年の房数（3年目には、未結果枝は無く成園になる）に合わせて施肥する。施肥の時期には既に敷きワラ等をしていれば、ワラ等を持ち上げて土壌表面に均等に施与する。

ポイント　芽傷処理

発芽の不ぞろいの解消として、芽傷処理がある。前年の主枝育成で順調に生育し、主枝を下げた処理を行っていれば、ほとんど支障はない。もし、処理するならば、樹液が動き出す直前（地域により2月上旬～下旬）に行う。方法は、ナイフ等の鋭利な刃物で、主枝上の芽の先端側5mm程度上の位置に長さ1cmの傷を付ける。深さは木部に達する程度である。

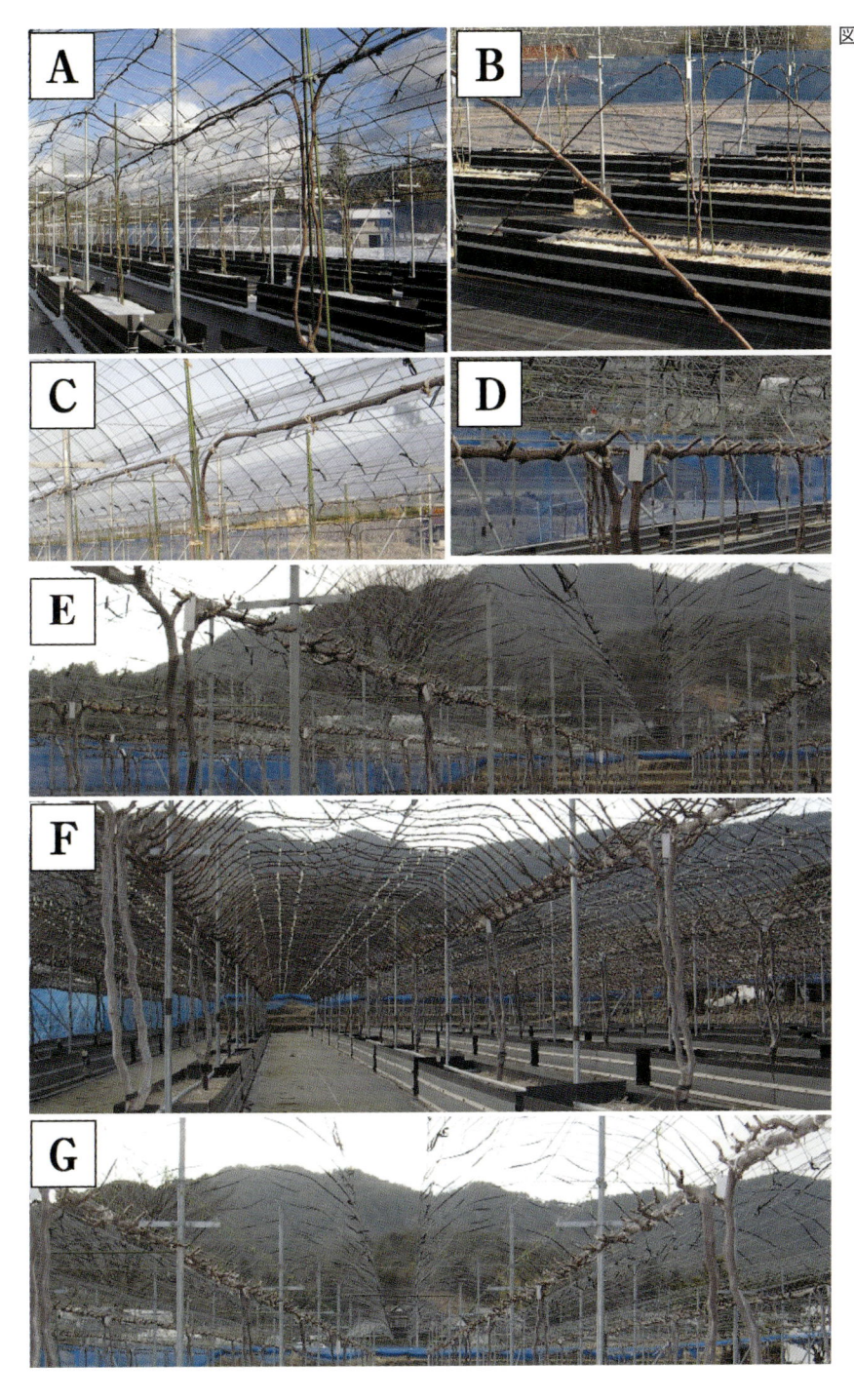

図71 植え付け当年の冬から4年目までの冬季のせん定の様子
A：植え付け1年目のせん定前の冬季の様子
B：主枝せん定後に主枝を棚から下げた様子
C：発芽期に主枝を棚に誘引した様子
D：定植2年目の冬季のせん定後の様子
E：定植3年目の冬季のせん定後の様子
F：定植4年目の冬季のせん定前の様子
G：定植4年目の冬季のせん定後の様子

図72　主枝上で不発芽になった部分に、冬季のせん定時に母枝を返して、不発芽部分の芽を確保
主枝基部の方へ返すことにより、各節からの均一な新梢の発生が得やすい。あらかじめ、新梢の伸長期に返すことを準備しておけば申し分ない

(2) 枝梢・果房管理

①誘引

　新梢を誘引線に固定する。一般的には簡易な誘引器であるテープナーが普及している。著者は、第1の誘引線には、図73に示したビニタイ（ビニールタイ）を奨励したい。ビニタイは一度取り付けると、風化するまで利用できる。ビニタイによりしっかりと固定できるので、均等間隔に新梢を配置できる。新梢を均等に配置することは、果実品質の均質化でもある。第2の誘引線もビニタイの使用を進めたい。

図73　ビニタイを使っての誘引
　　　しっかりと新梢を固定できる

（吹き出し左）ビニタイの端を誘引線に巻き付けて固定する
（吹き出し右）ビニタイを新梢に引っ掛ける。簡単に取り外しもできる

　第1線への誘引の時間帯は、晴天日の10時以降で15時までとしたい。その時間帯以外は、樹体内の水分が多くて新梢の基部から折れやすい。日中の樹体内水分の欠乏時に誘引するのがコツである。また、曇雨天日も避ける。折れれば永久に芽座は再生されないので細心の注意を払いたい。なお、第2線からの棚面への誘引は折れにくいので、いつの時間帯でも支障ない。

②新梢の配置と管理
　前年の節数から計算した着果数に合わせて、結果枝数を調整する。結果枝と花穂を除去した未結果枝は主枝上に均一に配置する。
　新梢（結果枝）の主枝1m当たり12本の配置は、葉面積指数（2.6前後）から見ても最高の本数であり、本葉12枚、副梢各節1枚、1房重450〜500gの限界条件によるものである。500g以上の大房生産を望むとすれば、新梢の配置数は減少させ、副梢の枚数は増加させる必要がある。

③花穂（房）管理
　花穂は、通常であれば新梢に2つ着生する。新梢の生育が弱い場合は、早めに1花穂にしたり、すべて摘穂する。労力との関係もあるが、摘粒までは2つの花（果）房を管理し、最終的に優れた果房を残す。1房1,000円以上とすれば、房づくりにも気を配りたい。なお、房管理は、葉/粒比を限界の0.5の基準としている。すなわち、本葉12枚と副梢4枚を本葉1枚と計算し、合計本葉15枚で、1房当たり30果粒として算出したものである。高品質なブドウを生産するためには、房重については徹底していただきたい。

ポイント　枝梢管理の徹底

　結実後の果実発育第Ⅰ期の効果は、図37に示したように日中は大きく収縮し、15時以降は大きく回復・肥大していく。この日中の大きな収縮は果粒の水が葉に移行して起こるものである。また、前述したように、この時期の幼果は土壌が乾燥しても、夜間には十分に回復・肥大する。まず、枝梢管理を徹底して無駄な葉は残さないことである。次には、土壌を乾燥させ過ぎないことである。こうし

た大きな果粒の収縮・回復・肥大が細胞組織を傷つけて、縮果症の要因となると考えている。

（3）かん水管理

かん水量に関しては、20mmを基本としているが、年度ごとや栽培期間中に、かん水時間を調整し、必ずベッド底部から水が染み出

図74 植え付け２年目（上段）、３年目（中段）、４年目（下段）の着果状況
植え付け２年目で成園時の平均50％の着果量、３年目では成園時の着果量になる

図75　ハウス内ベッドの効率的配置
　　　結果枝を主枝の片方だけに配置して、2分の1ベッドの大きさをハウスサイドに配置する

ていることを確認する必要がある。また、かん水の基本は、「雨が降っているごとくの散水で、かつ、短時間の間に終了する」ことである。かん水による水の土壌の横移動は少なく重力方向に浸透していくほうが早い。ベッド全面に均等にかん水するには、短時間の間に必要量をかん水できるように、水圧を調整したり、散水ノズルを増やすなどがコツである。かん水が不均一で、ベッド底部のウレタンまで達していないと、図67でも示したように、根はウレタンを突き抜けてしまうことになる。

(ポイント)　拡大型根域制限栽培の現地事例

　図74は、現場での栽培状況である。整然と果房や枝梢の管理がなされている。図75は、ハウス内の面積を有効利用して、ハウス側面にもベッドを設置し、片側だけを結果枝列としたものである。

◆ 4．定植3年目の管理

(1) せん定

　せん定は、1芽を基本とする短梢せん定を行う。発芽後、主枝1m当たり新梢12本を目安として、新梢数を整理する。前年の新梢誘引時の新梢の欠落等で、新梢数が確保できな

図76 2芽せん定と母枝の基底芽と第1芽の利用による結果枝数の調整

2芽せん定によって結果枝の確保

基底芽と1芽目を使って、2本の結果枝を確保

基底芽せん定

基底芽せん定

基底芽と1芽目を使って、2本の結果枝を確保

せん定位置

せん定位置が低い

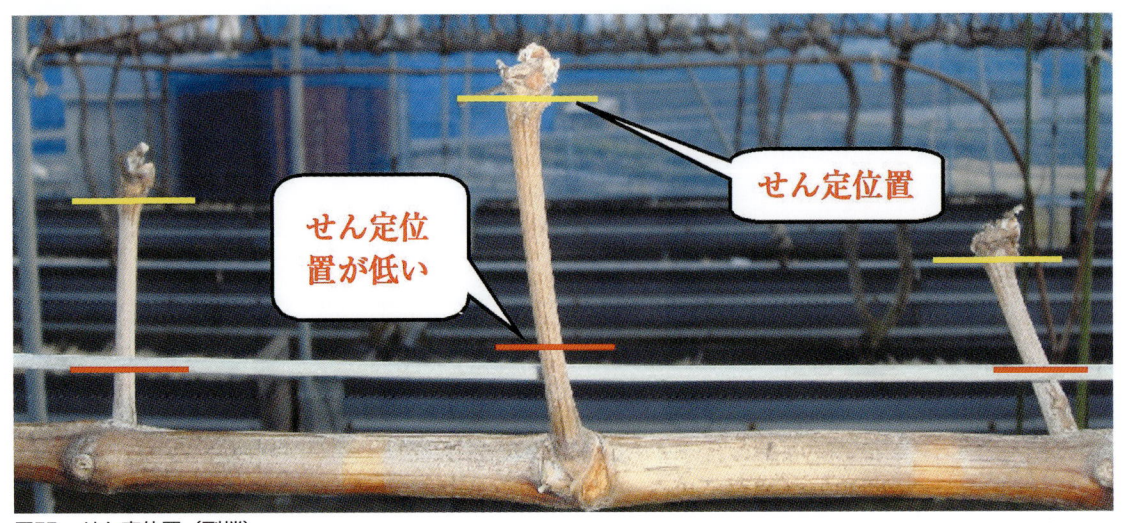

図77 せん定位置（副梢）
　犠牲芽せん定が基本であるからできるだけ節に近いところでせん定する。位置が低いと春になって樹液が出る恐れがあり、樹液が芽にかかると不発芽になりやすい

い場合は、図76に示すように、基底芽、1芽、2芽せん定などの組み合わせによって、結果枝を確保する。また、前項（図72）でも述べたが、母枝を返して芽数の確保に努める。

なお、枝梢のせん定位置については、ブドウの場合は、犠牲芽せん定が行われている。ブドウは、枝梢の髄が粗いので、芽の近くでせん定すると、寒さや乾燥などの影響で芽に障害を与える場合がある。また、流れた樹液が芽に付いて、不発芽を生じることがある。図77に示すように、たとえ副梢でも犠牲芽でせん定しておくと、樹液が流れ出すことはない。

(2) 枝梢・果房管理

新梢や果房の管理は通常栽培と同様である。なお、すべての新梢が結果枝となる。一般の栽培では、空枝（未結果枝）を2割前後確保されているが、根域制限栽培では必要ない。全ての新梢は結果枝である。現場でのほ場の棚面の利用率を90％とみれば、10a当たりの結果枝本数は、計算上では約4,800本となり、収量は2.0～2.4 tとなる。

ポイント　新梢勢力の均質化を図る摘心

主枝上の新梢勢力が全て均一であれば申し分ないことである。しかし、現実にはすべてがそうはいかない。ブドウ「マスカット・オブ・アレキサンドリア」で名高い岡山県においては、古くから、新梢勢力の均一化のための枝梢管理に、芽掻き、捻枝、誘引、摘心等の作業を徹底している。均質化を図る一方法として、摘心法がある。図78に示したように、近接する新梢の中で、勢力差が生じていれば、

図78　強勢新梢の摘心
　強勢な新梢を5～6節目で摘心することにより、弱勢な新梢の生育を促して、主枝上の新梢伸長の均一化を図る

図79　ベッド内の根の生育による根量増加によってベッド枠が膨らむ
根の発育が悪いとこのようには膨らまない。継ぎ足したプラスチック段ボールの隙間が大きく開いている

強勢な新梢が展葉6枚前後で、房上の節位（5〜6節）で副梢が発生しているのを確認して摘心をする。こうした処理により近接の弱勢新梢の伸長を促すことができ、新梢の均質化に近づけることができる。なお、新梢伸長の不均一化は、発芽の角度によっても生じる。常に新梢を母枝の横芽から発生させるためには、新梢の誘引時に基部芽や1芽目を、捻枝で調整して誘引するほどの周到さが求められる。

(3) 増し土の検討

9月に増し土をする。増し土は全体の80％とする。生育に問題がなければ翌年に持ち越す。図79は、ベッド枠が根量の増加によって膨らんでいる様子である。ベッドの枠が膨らんでいることが、根域制限としての役目を果たしている証明になる。

(4) その他

施肥管理やかん水管理は樹齢が進んでも毎年同様である。

◆5.定植4年目以降の管理

(1) 増し土

定植5年目の9月に増し土を行い、培土の管理は終了となる。

図80は、定植7年目の生育ステージ別の現場での様子である。毎年安定した生産が繰り返されている。

ポイント　土壌酸度の調整

増し土の培土は、土壌酸度の調整は行っているが、すでに投入した培土は酸性が進んでいる。カキガラ石灰の投入が必要になっている。10a当たり60kgを目安に、2年ごとに施す。施与量は、ベッド数で割って、ベッドへの培土の搬入率を計算して決定する。密植型では2年に1度に1樹当たり60gを冬季に施す。

なお、正確に行うには、普及センター等で土壌の酸度を測定してもらって、調整するのが最良である。

2章　拡大型根域制限栽培システム

図80　定植7年目の生育ステージ別の状況

冬季のせん定前

せん定後

発芽の様子

開花期の前

成熟期

3章

「人間優先」の作業を目指した一文字棚

　我が国で栽培されるブドウのほとんどは生食用であり、平棚栽培が主流である。ブドウの平棚栽培での作業は、①両手を長時間高い位置に上げる、②誘引器具やジベレリン処理等の器具を持っての作業、③上向き作業による足元の不安定感や踏み台での不安定な姿勢、④頭上の枝葉を避ける中腰の姿勢など、首、肩、背、腕、腰、足など、身体への負担が大きい。また、高品質な果実を安定して生産するためには、まずは、栽培管理の適期作業が必要となる。身体的な負担が大きくなると、作業に遅れを生じやすくなる。

　国内では2001年に、認定人間工学専門家の資格制度が創設され、職業性疾病の予防や腰痛などの作業関連疾患の予防に、人間工学の研究が進んでいる。人間工学の原理は、「人を環境に合わせるのではなく、環境を人に合わせるもの」である。農業現場での作業は、人間工学的対策の、①重量物作業、②不良姿勢、③反復作業のほとんどが、高度負担と評価されるほど苛酷なものである。生涯現役の農業を目指すには、まず、きつい作業からの解放が命題と考える。

◆1. 一文字イマイ仕立て棚

　「一文字イマイ仕立て（別名：一文字広島仕立て）」は、強勢で樹勢の調節が難しいとされる4倍体品種でも、根域を制限することにより、一文字整枝で短梢せん定を可能にしたものである。「一文字イマイ仕立て」棚は、疲労の要因を完全に解消するものではないが、平棚栽培による上向きの不自然な作業を解消し、自然な立ち姿での作業を可能にして、作業負担の軽減や作業の能率化を図った棚である。

(1) 棚の構造

　「一文字イマイ仕立て」の棚の概略を図81に示した。平棚面は作業者の身長より10cm高く、主枝誘引線を作業者の身長より20cm低くする。図82に示すように、主枝からの第1誘引線は主枝から11.5cm高い30度の角度で、水平距離20cmの位置とする。次に、果房の管理をするに当たって、果房に近寄っても、作業者の頭に枝葉が接触しないように、

3章 「人間優先」の作業を目指した一文字棚

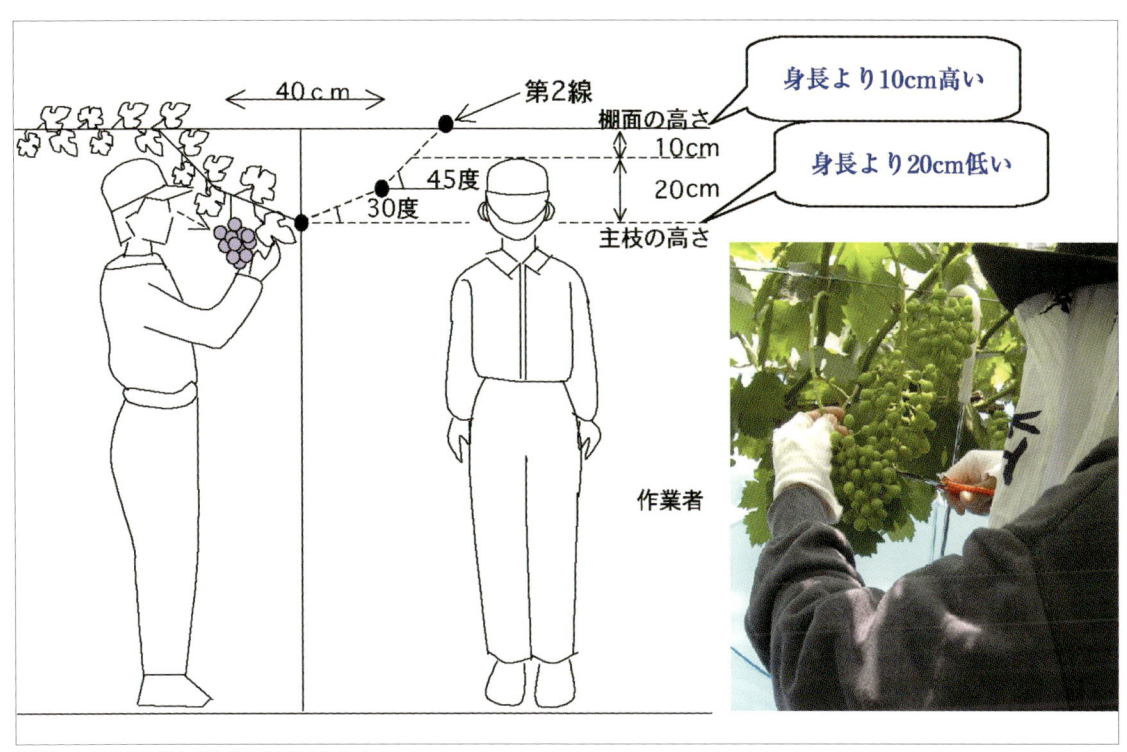

図81 一文字イマイ仕立て棚の概略図
　　　写真は摘粒作業の様子

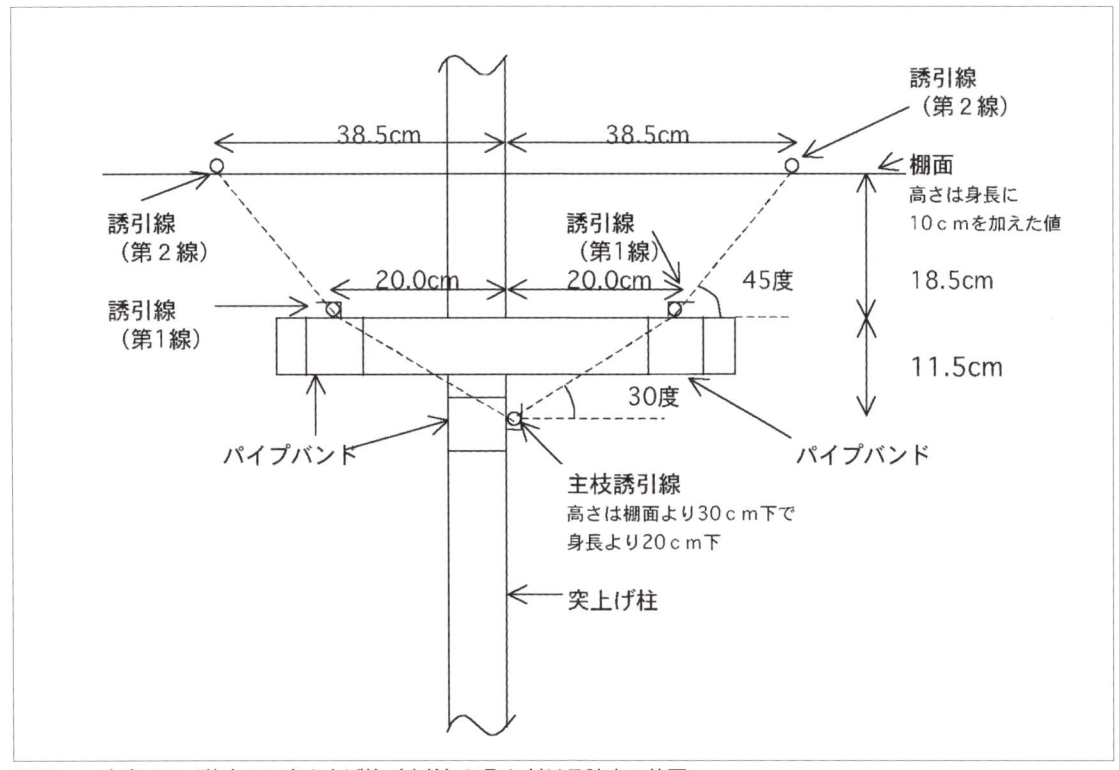

（図中注記）
- 40cm
- 第2線
- 棚面の高さ
- 10cm
- 20cm
- 45度
- 30度
- 主枝の高さ
- 作業者
- 身長より10cm高い
- 身長より20cm低い

図82 一文字イマイ仕立ての突き上げ柱（中柱）に取り付ける腕木の位置

（図中注記）
- 誘引線（第2線）
- 38.5cm / 38.5cm
- 棚面　高さは身長に10cmを加えた値
- 誘引線（第2線）
- 誘引線（第1線）
- 20.0cm / 20.0cm
- 45度
- 18.5cm
- 誘引線（第1線）
- 11.5cm
- パイプバンド
- 30度
- パイプバンド
- 主枝誘引線　高さは棚面より30cm下で身長より20cm下
- 突上げ柱

61

図83 一文字イマイ仕立て棚の腕木の取り付け
上：ベッド列の周囲柱に取り付けられた腕木
下：突き上げ柱に取り付けられた腕木

第1誘引線からは、45度の角度で到達した棚面に第2線を配置する。その結果、果房が目線より下にあり、また、腕は軽く曲がって、肩の高さ以下を維持しているので楽に作業を行うことができる。

(2) 腕木の取り付け

「一文字イマイ仕立て」の棚の腕木の取り付けは、図82に示したように、主枝からの新梢誘引角度が左右対称に30度になるよう左右の長さを調整する。すなわち、主枝線は突き上げ柱のサイドを通って張られているので、その柱の径だけ左右にずれることになる。かん水ラインについても、前述したように、散水パイプがベッド幅の中心を位置するように、突き上げ柱や苗の定植位置を多少ずれる

ように工夫することを忘れてはならない。図83は現場での実際例の棚である。

(3) 作業負担の軽減効果

新梢誘引、花穂整形、GA（ジベレリン）処理、摘粒の作業能率は、**表3**に示しているように105～120％と高くなっている。とくに、時間を要する新梢管理や摘粒作業でその能率は高い。また、作業中に腕を休めるために、腕を下げる動作の回数も全ての作業で50％以下となっている。すなわち、両手を上げることは、筋肉を収縮させるために痛みを感じ、腕を下げる動作となるのである。

また、表4に作業者の聞き取りを示したように、既存の棚では、腰や背中まで疲労を感じるが、「一文字イマイ仕立て」棚では、腕、肩のみであり、負担が軽減されている。

図84は、男性の園主に棚の高さを合せたため、妻では棚が高くなっている。**図85**は、女性が棚の高さを調節するために、踏み台等を利用した作業風景である。

◆ポイント◆　誘引角度の維持

主枝から第1線への誘引角度は30度に設定している。主枝からの新梢を誘引する角度が大きすぎると、主枝付近で葉が込み合い、元葉の樹光体勢を悪くする。30度の角度では、元葉が日照不足になることもなく健全に維持されている。また、果実形質への悪影響もない。ただし、経年による主枝誘引線の緩みによって、誘引角度がきつくなっている園も見られる。棚線を締めなおすとか、主枝を上方に吊るなどして、誘引角度が30度を超えないように注意したい。

◆ポイント◆　一文字イマイ仕立て棚の地植え樹栽培への導入

消費者に人気の高い4倍体の大粒系ブドウは樹勢が強く、地植え栽培では整枝法に工夫を要している。東日本の産地では、長梢せん定整枝が主流である。西日本では、短梢せん定整枝が主流であることから、樹勢を調節するために、主枝の本数を増やすなどして工夫がなされている。ピオーネの主産地である岡山県では、WH型の主枝8本の整枝法が指導されている。

しかしながら、H型（主枝4本）やWH型の整枝法でも、既存の平棚の突き上げ柱に、腕木をつけて平棚面の主幹から主枝を下げ、広島仕立て棚の主枝線に誘引することは、工夫により可能となる。また、防除が手散布であれば、栽培作業には支障はない。ただし、スピードスプレヤーによる防除であれば、主枝に平行に走る防除通路の主枝間の間隔を広げることにより可能となる。

表3 一文字広島仕立て棚によるブドウ「ピオーネ」栽培の作業能率と腕への負担

作業区分	作業量[Z]			腕を下げた回数[Z]		
	慣行平棚[Y]	広島仕立て	比率(%)	慣行平棚[Y]	広島仕立て	比率(%)
新梢誘引	1071	1255	117	231	111	48
花穂整形	189	199	105	57	15	26
GA処理	1206	1297	108	28	7	25
摘粒	64	77	120	22	9	41

[Z] 作業は、安静15分の後、30分作業し、5分間の休息を挟んで、30分作業を行った
　　作業者は、男性44歳、身長170cm、体重63kg
[Y] 主枝は棚面から10cm下げているので、一般の平棚栽培よりは作業能率が良く、負担も軽減されている

図84 園主（男性）の身長に合わせた棚のため、妻には高い棚となっている

3章 「人間優先」の作業を目指した一文字棚

表4 一文字広島仕立て棚における被験者の聞き取りによる作業負担度

作業区分	棚の形態	
	慣行平棚	広島仕立て
新梢誘引	肩、上腕部の負担が大きい。腰へ負担がかかる。	作業開始45分頃から、肩、上腕部に疲労の蓄積を感じ始める。腰への負担はない。
花穂整形	肩がつらい。	肩に多少疲労がたまるが、つらくはない。
GA処理	右肩が限界に近く痛い。背中の右側に少し疲労を感じる。	右肩がかなり痛い。背中は異常なし。
摘粒	左肩に痛み、右肩に軽い疲労を感じる。葉に隠れて房が見えにくい。時々、房上を覗くために、背伸びをする姿勢が見られる。	左肩のみに疲労を感じる。作業中に背伸びをすることはほとんどない。

注）作業と作業者は、表3と同じ

図85 女性の場合は踏み台を利用
　傘を逆さまにして摘果粒を園内に落とさない工夫（左）や、枝梢や副梢葉の除去や摘果粒の回収を兼ねた踏み台の工夫（右）

付 録

根域制限栽培実践のために

◆1.栽培管理の作業時間

　広島市で平成9年より拡大型の根域制限栽培の取り組みをされた宮崎孝之氏の各項目の作業時間を表5に示した。宮崎氏は拡大型根域制限導入の現場での先駆者で、ブドウ栽培の商業誌に精農家として紹介されている。現在、根域制限栽培研究会の会長である。定植1年目は、新梢の誘引にもっとも時間を要している。翌年の主枝からの側芽の発生を均一にするためにも、主枝上の芽が左右横に来るように新梢を誘引することに気をつかっている。主枝育成での新梢の誘引は、前述（図66）したように、小田原氏考案の巻きひげの利用によって効率的な誘引が可能となった。

　定植2年目になると、収穫・出荷にもっとも時間を要している。年間475.6時間は、作業時間としては多いが、宮崎氏は新梢の管理に十分時間を費やして丁寧にされている。除草が24.7時間計上されているが、現在ほとんどの生産者は防草シートで通路部分は被覆されている。

　定植3年目で成園化になる。生産量は初年に対して4割増しになってはいるが、収穫・出荷に要する時間は、慣れも加わってか1割強の増加に留まっている。大幅な時間の伸びは、花穂整形で2.3倍、GA処理は5.1倍になっている。合計で526.1時間は、一般の栽培に比べては多いと思われる。しかし、きつい作業による増加ではなく、丁寧さによる増加である。

◆2.施設費の概算（10a当たり）

（1）ブドウ棚（一文字イマイ仕立て棚、簡易被覆トンネル）の設置工事

　資材費は、1,500,000円である。工事費は、資材費に対して30～40％が計上される。図86は、拡大型根域制限の主枝4mで、樹列2.3m、10a当たり90本植えの場合の参考としたほ場図面図である。図87、88、89は、参考にそれぞれ棚の構造図を示したものである。

　図90は、2枚の水田を整地し、ブドウ園として開園した様子である。

付録　根域制限栽培実践のために

表5　定植から3年間の作業項目別月作業時間（10a当たり）

	作業項目/月	1	2	3	4	5	6	7	8	9	10	11	12	作業別小計
定植1年目	せん定													0
	施肥			1.2	0.4	2.9	2.1	0.8	0.8	1.2	3.3			12.7
	かん水													0
	芽かぎ				0.8									0.8
	除草			0.4	4.2			1.7			3.3			9.6
	防除				0.8	0.8	0.8	1.7			0.8	1.7		6.6
	誘引・枝梢管理				0.8		14.2	15.0	12.6					42.6
	花穂整形													0
	GA処理													0
	摘心													0
	摘粒・摘房													0
	袋掛け													0
	収穫・出荷													0
	被覆・除去					30.0				3.3	3.3			36.6
	植え付け				17.5									17.5
	配管				23.3									23.3
	その他				2.5	1.3								3.8
	小計	0	0	19.1	62.8	5.0	17.1	19.2	13.4	4.5	10.7	1.7	0	153.5
定植2年目	せん定	3.8											8.3	12.1
	施肥			10.0						5.8				15.8
	かん水													0
	芽かぎ				9.6									9.6
	除草			3.3	8.4	1.3	5.4	2.5	3.8					24.7
	防除		3.3			5.5	3.4	1.7		1.7	3.4			19.0
	誘引・枝梢管理					69.2	2.9							72.1
	花穂整形					18.3								18.3
	GA処理					6.8	7.8							14.6
	摘心					18.0	5.9	2.5						26.4
	摘粒・摘房						39.2							39.2
	袋掛け						16.7							16.7
	収穫・出荷							2.5	63.0	21.7				87.2
	被覆・除去				40.8			7.0						47.8
	土入れ									46.2				46.2
	堆肥・敷きワラ						3.8	8.3			13.8			25.9
	その他													0
	小計	3.8	3.3	54.1	18.0	119.1	85.1	24.5	66.8	75.4	17.2	0	8.3	475.6
定植3年目	せん定												13.8	13.8
	施肥		8.3	3.3						4.2				15.8
	かん水													0
	芽かぎ				0.8		1.3	0.8						2.9
	除草													0
	防除			1.7		3.4	4.2	2.5	5.0		2.5			19.3
	誘引・枝梢管理					79.2	3.8							83.0
	花穂整形					40.4	2.5							42.9
	GA処理					29.6	45.4							75.0
	摘心					5.4	8.4	3.3						17.1
	摘粒・摘房						58.4							58.4
	袋掛け						39.6							39.6
	収穫・出荷									27.6	69.3			96.9
	被覆・除去				19.2			6.7						25.9
	土入れ													0
	堆肥・敷きワラ											12.5		12.5
	粗皮削り	20.1												20.1
	その他						2.9							2.9
	小計	20.1	10.0	22.5	0.8	158.0	166.5	13.3	32.6	73.5	2.5	12.5	13.8	526.1

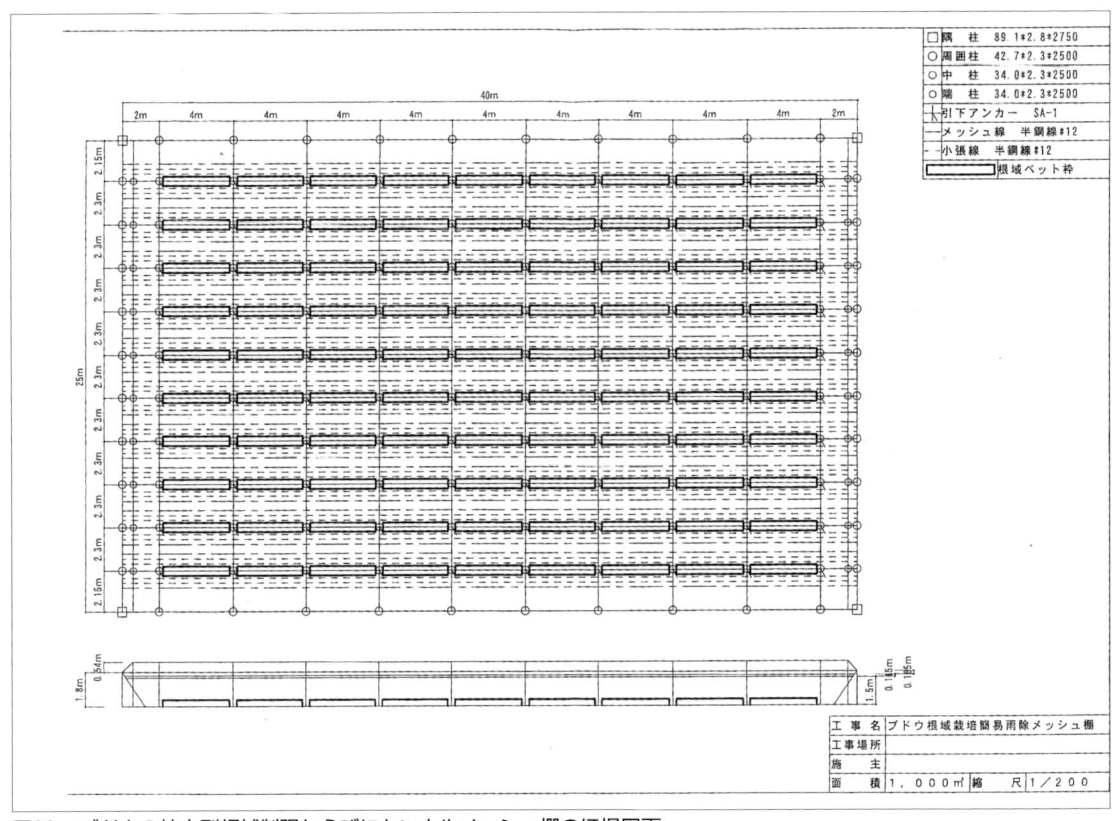

図86　ブドウの拡大型根域制限ならびにトンネルメッシュ棚のほ場図面

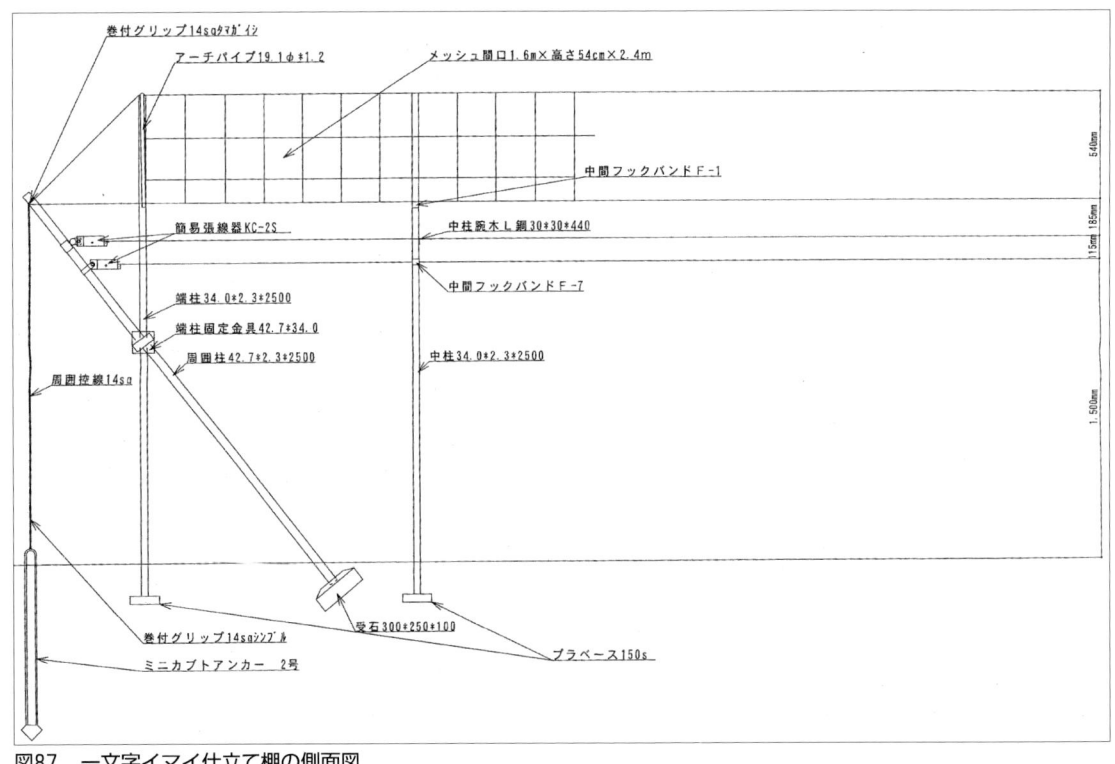

図87　一文字イマイ仕立て棚の側面図

付録　根域制限栽培実践のために

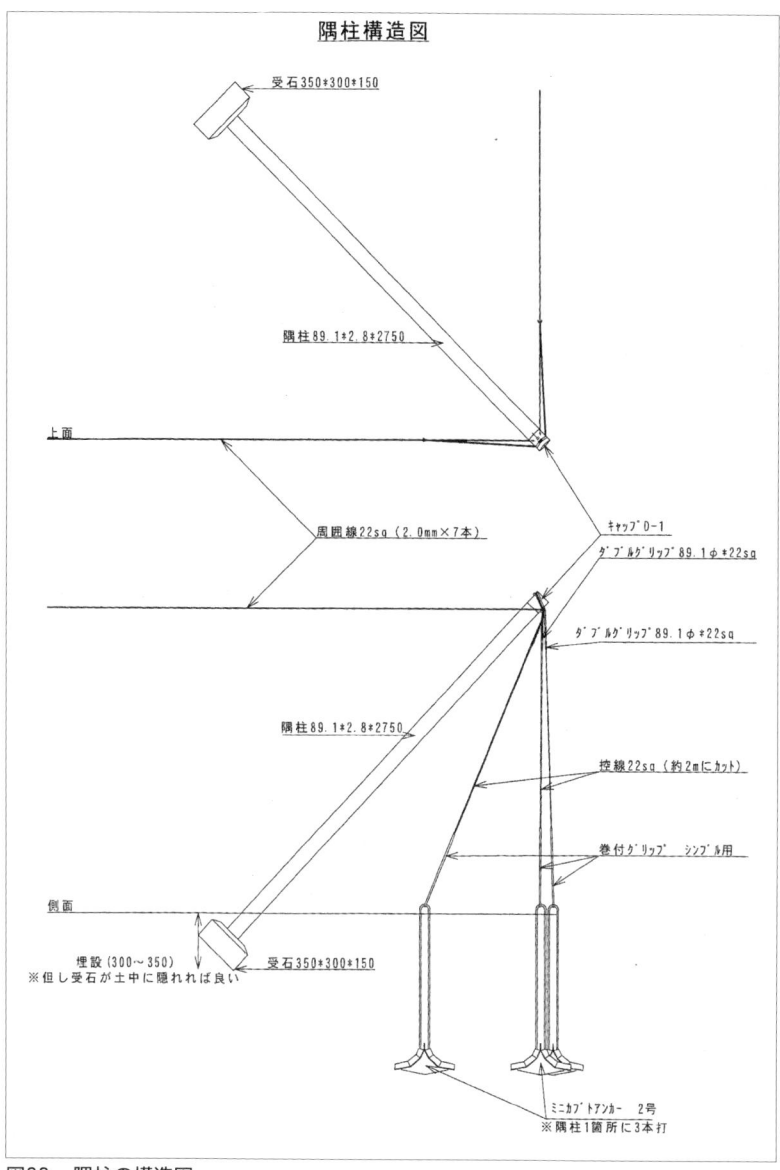

図88　隅柱の構造図

(2) 根域制限ベッドの設置工事

ベッドの資材は、プラスチック段ボール：270,000円、ビニペット：250,000円、ウレタンマット：350,000円、ビニールシート：290,000円、C型セパレート：55,000円、防草シートセット：180,000円で、計1,395,000円である。組み立て・設置費は、資材費の30～40％が計上されるが、ほとんどの生産者は自分で組み立てている。

図91は、拡大型根域制限の棚とベッドの新設の様子である。

(3) 自動かん水施設の設置工事

かん水資材費は、フィールドパイプ（散水が均一になるように、管の中が二重構造になったかん水パイプ）：270,000円、フラッシングバルブ（かん水終了後にパイプ内に余った水を排出する調整弁）：7,500円、電磁弁5台：150,000円、かん水モーターポンプ：290,000円、自動かん水指令装置セット（5点式）：395,000円、ボールバルブ3個：20,000円、塩ビパイプ一式：30,000円、TS継ぎ手一式：20,000円で、計1,182,500円である。なお、電気工事やポンプの設置等の経費は含んでいない。

設置費は20％が計上される。電気工事やポンプ設置関係以外は、ベッド設置と同様、生産者のほとんどが自分で組み立てている。

拡大型根域制限栽培の施設費に関しては、資材費は約4,000,000円となる。密植型については、60Lポットを利用すれば、ポット代は900個×1500円で1,350,000円となり、かん水方法が差し込みノズル方式に替わることになる。

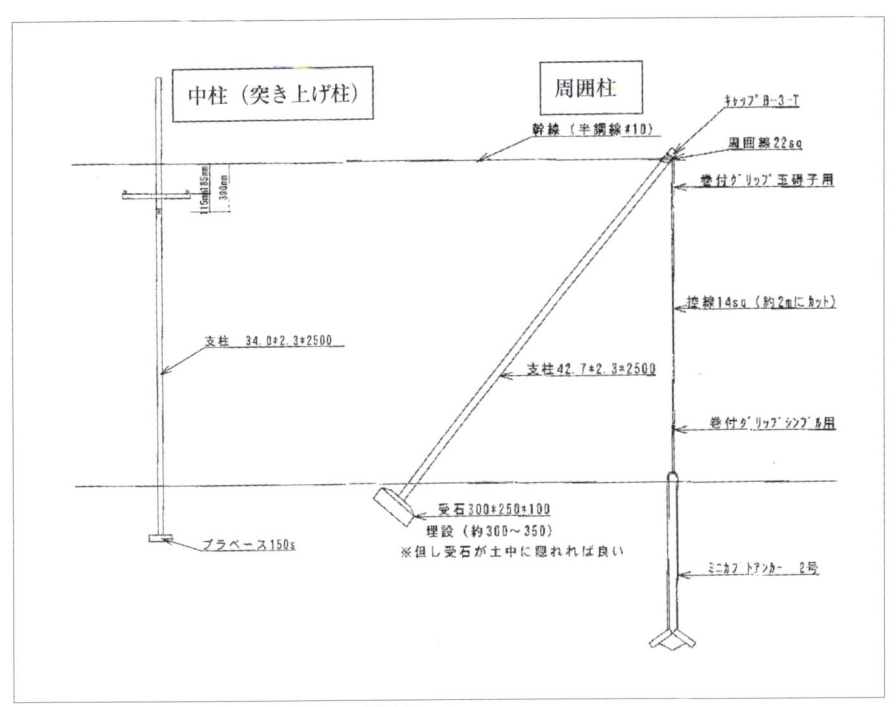

図89　周囲柱と中柱（突き上げ柱）の構造図

図90　2枚の水田を1枚の畑として整地し、ブドウ園として開園

付録　根域制限栽培実践のために

図91　拡大型根域制限の棚とベッドの新設

◆3.ブドウの第2次花穂利用による「ピオーネ」の省力的房作り法

　ブドウ栽培における花穂の整形や摘粒作業は、適期が要求され、その成否が大きく果実品質を左右する。このため、生産者は、ハウス栽培等の作型を組み合わせて、管理労力の分散化を図っている。
　しかしながら、近年の主要品種では、無核果、大粒化のための植物生育調節剤の処理を必要とする作業が不可欠となっている。このため、果房管理は全労務量の3割前後を占めており、また、短期間での適期作業を強いられるため、労務が過重となっている。さらに、大規模化した農園では雇用労力への依存度が高く、労務費が過大となり、経営を圧迫している。
　そこで、ブドウ「ピオーネ」について、花穂整形や摘粒の作業時間の低減を図り、かつ、贈答品としての品位を保った果房生産を可能にする房作り法の基準を示す。なお、果房は、房当たり30粒、1房の大きさは400〜500g、房型は円筒形で、2kg入り4〜5房数を目指すものである。図92は、省力的房作り法の模写図である。（特許第3588754号：ぶどうにおける房作り方法）

(1) 花穂の選定

　花穂の選定基準は、満開期に第1次花穂の副穂を除去した上部1〜4番目の第2次花穂で、花穂長24mm前後である。さらに、第2

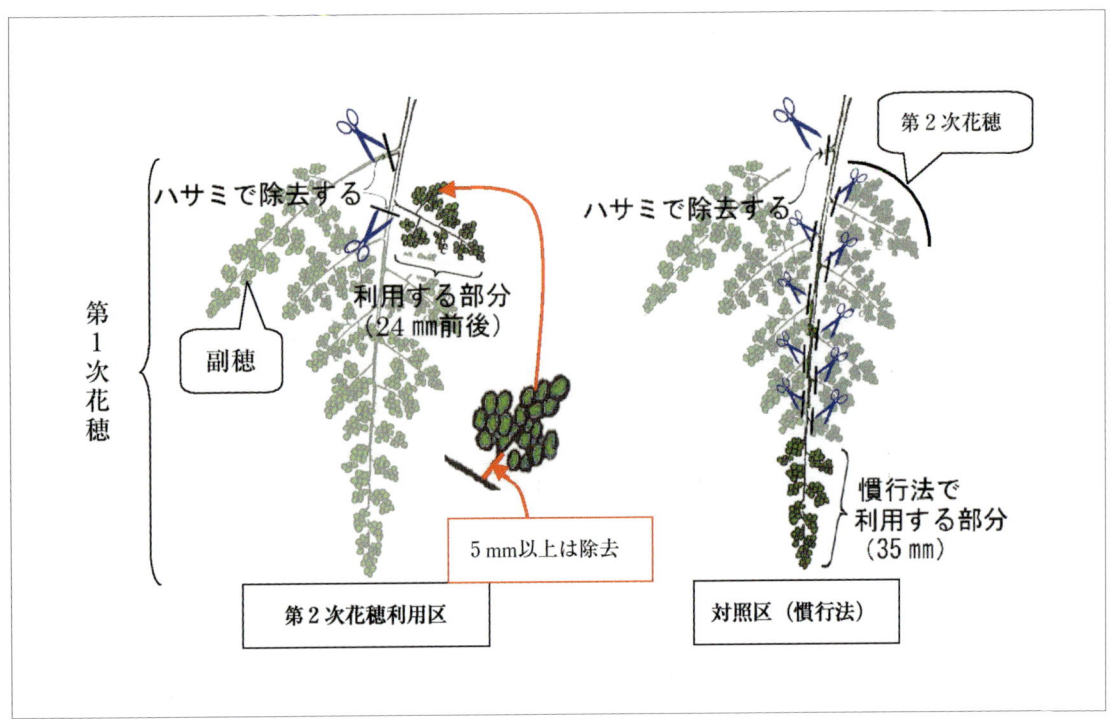

図92　省力的房作り法の模写図

図93　第2次花穂の利用しやすい花穂の方向
　　　A：ジベレリン処理の確認のための目印
　　　B：利用する花穂
　　　①のBの穂は、横向きなのでジベレリンの浸漬処理が難しく、また折れやすいので、第2次花穂の選定としては好ましくない
　　　②のBの花穂は、下向きなので選定として好ましい

次花穂軸から第3次花穂の花蕾着生までの花梗の長さが5mm以上の場合は、第3次花穂を除去する。ただし、除去後の花穂の長さは24mm前後必要である。このことは、房形が円筒形に近い良形の果房が得られ、十分に贈答用の品位を有する果房を生産するためである。

なお、GA処理の容易さから、下向きの花穂を選定する必要がある（図93）。さらに、袋掛けのやりやすさからも、果梗ができるだけ長いものを選定する。図94は、摘粒前の着果の状況である。第2次花穂上部の第3花穂を2～3除去できる花穂は、果梗を長くできる。

なお、実際の栽培では、すべての花穂が基準条件に適合しているものではない。無理な選定は、房形が不良となり贈答品としての品位を失うものである。図95は、成熟期の果房である。この果形であれば、贈答用の品位を有すると判断できる。ちなみに、図96は慣行のピオーネの花穂整形や摘粒の姿である。

(2) 処理果房の特性

①花穂整形と摘粒に要する労力は、慣行のそれぞれ85％、40％であり、省力化を達成している。花穂整形で労力の削減率が低いのは、条件にあった第2次花穂の選定判断に時間を要したからである。判断が容易にできるように慣れてくれば、省力化率の向上は今後期待できる。摘粒については、表6に示すように、着粒数が慣行では53粒前後であるのに対して、33粒前後と少ないことから、当然省力化につながるものである。しかし、果梗が短くて、摘粒時に果房を回し難いことや、第3次花穂の着生間隔が狭い（果穂軸が短い）ことによる作業の困難さがある。

②開花時の子房の横径は約10％小さい。したがって、表7に示すように収穫時の1果粒重は、1.5g小さくなる。

③花穂の小花数は38前後で、対照区の60花より20花程度少ない。

④着果粒率は、90％前後で対照区と大差ない。

⑤果穂軸の車数は11未満である。良形果房を生産するためには、花穂長は24mm以上は必ず確保する。

⑥収穫時の房重を450g前後確保するためには、着粒数は30粒以上を確保したい。

なお、本技術の使用に当たっては、知的財産権として規制するものではない。

図94 第2次花穂利用による摘粒前の着果状況(第2次花穂上部の第3次花穂を除去して調整した花穂)
大きい矢印は副穂の除去痕。小さい矢印は第3次花穂の除去痕

図95 第2次花穂利用の房作り法による成熟期の果房
左：第2次花穂利用法
右：慣行法

図96 ピオーネの満開4日後（ジベレリン処理の適期）の花穂と結実、摘粒後の果房

表6 ブドウ'ピオーネ'の第2次花穂利用[Z)]による各種処理が花（果）穂の形態に及ぼす影響（短梢せん定樹）

処理区[Y)]	満開時の小花横径(mm)	満開時		満開14日後				収穫時[X)]			房形指数[V)]
		花穂長(mm)	小花数	着果粒数	着果粒率(%)	果穂軸長(mm)	果穂軸伸長率(%)[W)]	果穂軸の車数	果穂軸長(mm)	果穂軸伸長率(%)[W)]	
第2次花穂利用	1.90	24.9	38.9	33.3	85.7	53.6	215	10.6	56.8	228	0.83
対照	2.08	32.3	58.1	53.3	91.8	67.5	209	10.7	68.7	213	0.87
有意性P=0.05	*	−	−	−	N.S.	−	N.S.	−	−	*	−

Z) 10年生樹、短梢せん定H型整枝。利用した第2次花穂は、第1次花穂の基部より1～3番目で、その比率は1番目36%、2番目52%、3番目12%
Y) 薬剤処理は、満開4日後(2001年5月31日)、満開14日後には各区ともジベレリン25ppmを処理
X) 2001年8月27日
W) 満開時に対する値
V) 円筒形に近い良形果房を3、丸形に近い果房を1、中間を2として調査を行い、指数換算により表示した。指数は1に近いほど良形果房となる

表7 ブドウ'ピオーネ'の第2次花穂利用による各種処理が果実形質[Z)]に及ぼす影響（短梢せん定樹）

処理区	1房重(g)	1果粒重(g)	果粒数/房	可溶性固形物含量(%)	酸含量[Y)](%)	着色[X)]
第2次花穂利用	422	14.9	28.8	17.6	0.35	9.8
対照	541	16.4	33.7	17.3	0.35	9.8
有意性P=0.05	−	*	−	N.S.	N.S.	N.S.

Z) 収穫日は2001年8月27日　Y) 酒石酸に換算　X) カラーチャート指数

おわりに

　根域制限栽培へのきっかけは、1980年、著者が奈良県の試験場から広島県への転勤により始まる。県では、農民教育の場として農業者大学校を新設し、果樹コースは、安芸津分校として果樹試験場の敷地内に設置された。著者の新しい職場先である。4月1日に赴任すると、果樹の苗木は購入され、樹種は、ブドウ、ナシ、モモである。しかし、肝心なほ場は、山なりに削られ、地肌は心土まる出しで、到底、苗など定植できるような状況ではない。雨が降ればぬかるみ、晴れればカチカチでスコップも立たない。新入生8名と共に、ほ場作りへの戦いの日々が始まる。

　先達の言葉に、「杉の跡地には梨を植え、赤松の跡地に桃を植えよ」がある。ナシは肥えた深い耕土が適する。深耕して暗渠を施し、充分な有機物と真砂土（花崗岩）を客土することとした。つるはしとスコップで掘り起せば、ひと抱えもふた抱えもある大岩が次から次へと現れ、チスや平タガネで砕いて取り出す毎日が続いた。モモは、水はけがよくて、やせ土でよい。暗渠を設置し、少しの有機物と客土の真砂土を混和した。さて、ブドウはどうするかである。当時、人気の高い巨峰等の4倍体ブドウは、栽培的には多くの問題点を抱えていた。このことについては、本文の「はじめに」で紹介したとおりである。そこで、考えついたのは、劣悪耕地を逆に利用して、耕地の上に少量の良質な培土を盛土すること、短梢せん定で、かつ密植の栽培法である。本方式は、定植した翌年には相当量の果実を着生させ、その翌年には成園に至った。結実も安定し、高品質な果実の生産を可能にさせた。

　5年後の1984年には果樹試験場に異動となった。試験場では、ブドウの根域制限栽培に関する研究課題が予算化され、1991年には、「密植・根域制限栽培による4倍体ブドウの早期成園化の実証」として研究を完成させた。研究途上から、多くの視察者も受け入れ、本技術の普及や啓発に取り組んだものの、思うようには進まなかった。すなわち、現場の疎植大木の栽培体系の中にあって、10a当たり900本の密植栽培はなじまないこと。また、ほとんどが購入苗に頼っている生産者に、苗の大量な自家生産は面倒である意識を感じること。さらには、数百万円以上の初期投資が必要となることであろうか。

　1992年には農業技術センターに異動となり、果樹の研究から離れること

おわりに

東京・東村山市の根域制限栽培ブドウ園

になった。3年後には、再び果樹研究所に戻り、今度は、苗の自家生産を伴わない、購入苗での定植から始める、新たな根域制限栽培システムの開発に着手した。本技術は「拡大型根域制限栽培」と命名し、「主枝一挙拡大法」と共に、「一文字イマイ仕立て」として完成させた。この技術開発により、生産者には根域制限栽培への技術導入の選択肢を広げることとなった。密植型の普及は、この間に農業改良普及員の皆さんの尽力により、県内では5件導入され、県外の兵庫県では10件近くも導入されていた。拡大型が最初に導入されたのは、1998年で、現在の「ブドウ根域制限栽培研究会」の会長である宮崎孝之氏である。宮崎氏は、サラリーマンの中途退職により、第二の人生のチャレンジとして導入された。導入に当たっては、普及所、農協職員、研究が一丸となっての取り組みであった。

2000年以降になると著者も異動を重ね、果樹の研究現場から離れることとなった。果樹研究所の研究員の皆さんや普及員の方々の尽力により、根域制限栽培も普及が進み、東京都や栃木県からの若い研修生も育っている。しかし、導入に当たっては、全ての生産者に付きっきりで、手取り足取りの指導には限界がある。また、生産者は、ほとんどがブドウ栽培の未経験者であり、マニュアル本の必要性が強く要望されていた。著者もそのことは強く感じていたものの、結果的には、退職後の今となってしまった。

本書の作成は、根域制限栽培を実践されている皆さんのおかげで、貴重な多くの写真を撮ることができた。また、宮崎氏からは、栽培管理データをいただき、さらに、生産者の皆様からは、日々の栽培管理の中での価値あるご示唆をいただき、栽培マニュアルに活かすことができた。心から感謝を申し上げます。本書がブドウの新しい栽培のマニュアル本として、大いに活かされることを期待している。

最後に、本書の発刊に至るには、農業技術センターの上司であった船越建明氏、那波邦彦氏によって、創森社の相場博也さんの紹介をいただいたことによるものである。快くお受けいただいた相場さん、ならびに編集関係者の方々に、ここに記して深く感謝の意を申し上げます。

著 者

・MEMO・
ブドウ根域制限栽培研究会

ブドウ根域制限栽培研究会は1990年に設立され、年1〜2回の現地研究会などで技術の研さんを積みかさねている。連絡先は下記。

ブドウ根域制限栽培研究会事務局
（事務局長＝引地義範）
〒731-3161　広島市安佐南区沼田町伴1171

ブドウ根域制限栽培の現地研究会（広島県庄原市）

デザイン────ビレッジ・ハウス　ほか
編集協力────城市 創　ほか

●プロフィール

今井俊治（いまい しゅんじ）

1948年、広島県竹原市生まれ。
1974年、岡山大学大学院農学研究科修了、奈良県採用、奈良県吉野農業改良普及所普及員を経て、1976年、奈良県農業試験場果樹課研究員。
1980年、広島県農業者大学校、1984年、広島県果樹試験場栽培部研究員。
1996年、広島県立農業技術センター果樹研究所落葉果樹研究室長。
1999年、県庁農林水産部農産課課長補佐。
2001年、広島県立農業技術センター主任専門技術員。
2003年、広島県立農業技術センター野菜栽培研究部長。
2007年、広島県立総合技術研究所農業技術センター次長。
2009年、3月、退職。
　　　　この間、普及、農民教育、行政、研究職を経験。
　　　　4月より、全国農業協同組合連合会技術主管、福山大学生命工学部非常勤講師などを歴任。

1991年、農学博士。
2005年、国立大学法人岡山大学大学院、並びに高知大学で非常勤講師を務める。
2003年、農業技術功労者表彰＜(財)農業技術協会＞。2005年、振興奨励賞＜(財)園芸振興松島財団＞。2006年、科学技術分野の文部科学大臣表彰科学技術賞（技術部門）。
2007年、優秀論文賞＜日本人間工学会中国・四国支部＞。

カラー版　ブドウの根域制限栽培～写真・図表でみる理論と実際～

2009年8月21日　第1刷発行
2024年4月3日　第6刷発行

著　　者────今井俊治

発 行 者────相場博也

発 行 所────株式会社 創森社
　　　　　　〒162-0805 東京都新宿区矢来町96-4
　　　　　　TEL 03-5228-2270　FAX 03-5228-2410
　　　　　　https://www.soshinsha-pub.com
　　　　　　振替 00160-7-770406

組　　版────有限会社 城市創事務所

印刷製本────中央精版印刷株式会社

落丁・乱丁本はおとりかえします。定価はカバーに表示してあります。
本書の一部あるいは全部を無断で複写、複製することは法律で定められた場合を除き、著作権および出版社の権利の侵害となります。

©Shunji Imai 2009 Printed in Japan
ISBN978-4-88340-236-6 C0061

〝食・農・環境・社会一般〟の本

創森社　〒162-0805 東京都新宿区矢来町96-4
TEL 03-5228-2270　FAX 03-5228-2410
https://www.soshinsha-pub.com
＊表示の本体価格に消費税が加わります

未来を耕す農的社会
蔦谷栄一 著
A5判280頁1800円

[育てて楽しむ] サクランボ 栽培・利用加工
富田晃 著
A5判100頁1400円

炭やき教本〜簡単窯から本格窯まで〜
恩方一村逸品研究所 編
A5判176頁2000円

エコロジー炭暮らし術
炭文化研究所 編
A5判144頁1600円

[図解] 巣箱のつくり方かけ方
飯田知彦 著
A5判112頁1400円

分かち合う農業CSA
波夛野豪・唐崎卓也 編著
A5判280頁2200円

虫への祈り——虫塚・社寺巡礼
柏田雄三 著
四六判308頁2000円

新しい小農〜その歩み・営み・強み〜
小農学会 編著
A5判188頁2000円

無塩の養生食
境野米子 著
A5判120頁1300円

[図解] よくわかるナシ栽培
川瀬信三 著
A5判184頁2000円

鉢で育てるブルーベリー
玉田孝人 著
A5判114頁1300円

日本ワインの夜明け〜葡萄酒造りを拓く〜
仲田道弘 著
A5判232頁2200円

自然農を生きる
沖津一陽 著
A5判248頁2000円

シャインマスカットの栽培技術
山田昌彦 編
A5判226頁2500円

農の同時代史
岸康彦 著
四六判256頁2000円

ブドウ樹の生理と剪定方法
シカバック 著
B5判112頁2600円

食料・農業の深層と針路
鈴木宣弘 著
A5判184頁1800円

医・食・農は微生物が支える
幕内秀夫・姫野祐子 著
A5判164頁1600円

農の明日へ
山下惣一 著
四六判266頁1600円

ブドウの鉢植え栽培
大森直樹 編
A5判100頁1400円

食と農のつれづれ草
岸康彦 著
四六判284頁1800円

半農半X〜これまで・これから〜
塩見直紀 ほか 編
A5判288頁2200円

醸造用ブドウ栽培の手引き
日本ブドウ・ワイン学会 監修
A5判206頁2400円

摘んで野草料理
金田初代 著
A5判132頁1300円

[図解] よくわかるモモ栽培
富田晃 著
A5判160頁2000円

自然栽培の手引き
のと里山農業塾 監修
A5判262頁2200円

亜硫酸を使わないすばらしいワイン造り
アルノ・イメレ 著
B5判234頁3800円

ユニバーサル農業〜京丸園の農業／福祉／経営〜
鈴木厚志 著
A5判160頁2000円

不耕起でよみがえる
岩澤信夫 著
A5判276頁2500円

ブルーベリー栽培の手引き
福田俊 著
A5判148頁2000円

有機農業〜これまで・これから〜
小口広太 著
A5判210頁2000円

農的循環社会への道
篠原孝 著
四六判328頁2200円

持続する日本型農業
篠原孝 著
四六判292頁2000円

生産消費者が農をひらく
蔦谷栄一 著
A5判242頁2000円

有機農業ひとすじに
金子美登・金子友子 著
A5判360頁2400円